现代企业人才培养与队伍建设

张文峰　毛丛友　著

延吉·延边大学出版社

图书在版编目（CIP）数据

现代企业人才培养与队伍建设 / 张文峰，毛丛友著
. -- 延吉 ： 延边大学出版社, 2024.1
ISBN 978-7-230-06202-2

Ⅰ. ①现… Ⅱ. ①张… ②毛… Ⅲ. ①企业管理一人才培养 Ⅳ. ①F272.92

中国国家版本馆CIP数据核字(2024)第042795号

现代企业人才培养与队伍建设
XIANDAI QIYE RENCAI PEIYANG YU DUIWU JIANSHE

著　　者：张文峰　毛丛友
责任编辑：娄玉敏
封面设计：文合文化
出版发行：延边大学出版社
社　　址：吉林省延吉市公园路977号　　邮　　编：133002
网　　址：http://www.ydcbs.com　　E-mail：ydcbs@ydcbs.com
电　　话：0433-2732435　　传　　真：0433-2732434
印　　刷：廊坊市海涛印刷有限公司
开　　本：710×1000　1/16
印　　张：12.75
字　　数：200 千字
版　　次：2024 年 1 月 第 1 版
印　　次：2024 年 1 月 第 1 次印刷
书　　号：ISBN 978-7-230-06202-2

定价：65.00元

编 写 成 员

著　　者： 张文峰　毛丛友

编写单位： 中石化石油工程设计有限公司

前　言

近年来，互联网尤其是移动互联网的不断发展和普及，已经对我们的生活方式、思维方式、工作方式、管理方式，甚至企业经营模式都产生了深刻的影响，并带来了巨大的改变。那么，企业如何在这样的大背景下实现自己的战略目标，在竞争中抢占先机、保持领先地位呢？人才是关键。

人才资源是第一资源。当今社会，各个领域的竞争日益激烈，而这归根结底是人才的竞争。随着市场竞争的加剧，越来越多的企业意识到，未来市场竞争的焦点不再是资本、价格、品种等，而是优秀的人才。企业要进一步发展，必须考虑人才这一重要问题。谁拥有了更多更好的人才，谁就能在竞争中取得主动、赢得市场。因此，人才问题是企业能否生存、能否做大做强的关键，也是目前企业需要高度关注和积极应对的关键问题。

本书主要研究现代企业人才培养与队伍建设。第一章对现代企业及其人才培养进行了概要论述；第二、三、四章分别对企业文化导向的知识型人才培养模式构建、校企合作背景下企业应用型人才培养机制构建和创新驱动发展战略下企业创新人才协同培养进行了研究；第五章和第六章分别对现代企业高层次人才队伍建设及现代企业信息化人才队伍建设进行了探讨。

由于笔者水平有限，书中所涉及的内容难免有疏漏，希望各位读者多提宝贵意见，以便笔者进一步修改本书，使之更加完善。

笔者

2024 年 1 月

目　录

第一章　现代企业及其人才培养

第一节　现代企业概述

一、企业的含义与特征

（一）企业的含义

“企业”一词源于英语中的“enterprise”，原意是企图冒险从事某项事业，且具有持续经营的意思，后来引申为经营组织或经营体。企业是社会生产力达到一定程度，出现了商品经济之后才产生和发展起来的，是指集合各种生产要素，为社会提供产品和服务，具有法人资格，实行自主经营、独立核算的营利性的经济组织或经济实体。

对于企业存在的合理性，可以从不同的角度进行解释：组织行为理论主要从内部成员权力分配、互相依赖和利益冲突的角度来理解企业；经营管理理论强调所有权和控制权的分离以及这种分离对企业行为的影响；新兴的企业能力理论则从内部核心能力的培养与发展的角度探究企业的秘密。

企业是一个历史的概念，是历史发展到一定阶段的产物。更确切地说，它是商品生产发展的产物。马克思对企业有着丰富的论述，他将协作生产的发展概括为简单协作—分工协作—使用机器的协作。企业的早期发展正是经历了简单协作、工场手工业和机器大工业三个阶段。在封建社会末期，随着生产力的提高和商品经济的发展，小商品生产者逐渐向两极分化。一些富裕的手工业作坊主或商人雇用了较多的手工业者，组织他们在自己的作坊里劳动，这就是简单协作。工场手工业是企业最早的典型形态，也是早期资本主义的基本生产方式。大约从16世纪中叶到18世纪末，西欧工场手工业在社会生产中居于统治地位。工场手工业是进行商品生产的单位，是资本主义生产方式，它的规模一般较大，产品生产也实行了较细的分工协作，并在部分工序的生产上采用了机械与机器。但是，随着时间的推移，工场手工业生产也渐渐不能满足市场开拓和贸易繁荣的需要。18世纪的工业革命，使工场手工业阶段过渡到机器大工业阶段，使现代企业管理取代了手工业的工场管理。伴随着经济的不断发展，企业的形式日益多样化，从早期的工业领域迅速扩展，形成了商业、金融、运输、建筑等多种企业形式。

（二）企业的特征

1.企业是社会的经济细胞

企业是经济的细胞，是经济发展的微观主体和基本载体。在整个国民经济体系中，企业始终是最基本、最活跃、最富有创造力的经济组织。马歇尔（Alfred Marshall）认为，世界历史的两大构成力量就是宗教和经济的力量，然而，宗教却不如经济那样普遍地影响人类生活。在一个物质利益至上的经济王国里，企业作为基本的经济细胞，将生产经营管理作为其主要活动，并且创造财富、提供就业，切实推动经济增长与不断创新。在理论界有这样一种说法：企业作为经济细胞体是个“点”，通过横向的市场联系而结成“面”，又通过国家的纵向管理而构成“体”。新经济体制的构造必须以企业这种经济细胞为基础。

2.企业是以营利为目的的经济组织

企业是发达商品经济即市场经济的一种基本单位，是以营利为目的的经济组织。这种经济组织存在和发展的前提，就是它是以获取利润为直接、基本的目的，利用生产、经营某种商品的手段，通过资本经营，追求资本增值和利润最大化。正如杜鲁克（Peter F. Drucker）所说：企业的目标分为两类，一类为了生存，一类为了发展；生存也好，发展也罢，万变不离其宗，都是为了追求利润的最大化。一切企业运营在本质上都是资本的运营，所有企业家的根本职能、职责都是用好资本，让它带来更多利润并使自身增值。企业所从事的以营利为目的的经营活动具有连续性和固定性，必须通过有效利用资金、物资、机器设备和生产技术等资源使自身得以生存和发展，获取超出资本的利润并将其分配给投资者。企业牟利、逐利是正常的，这正是它的社会分工。正常的利润既是企业满足市场、服务社会的结果和回报，也是支持、促进社会各项事业发展的主要财力基础。

3.企业负有一定的社会责任

对于企业的社会责任，世界银行给出的定义是：企业是与关键利益相关者的关系、价值观、遵纪守法以及尊重人、社区和环境有关的政策和实践的集合。

企业是社会经济发展到一定阶段的产物。企业承担社会责任，就要求它在创造利润、对股东利益负责的同时，还要承担对员工、客户、供应商、金融机构、社区以及所在地政府的社会责任。商业道德、社会责任已经成为提高企业竞争力的重要因素，企业的发展不仅要关注经济指标，而且要关注人文指标、资源指标和环境指标。企业是社会的经济细胞，社会是企业的依托，是企业利润的源泉。联合国全球契约办公室执行主任乔戈·凯尔（Georg Kell）曾经下过这样的结论：“我们的调查研究显示，越重视社会责任的企业，未来发展的空间和速度也就越大。”所以，从长远来看，社会责任是企业的支撑力，是企业的生命线。目前，国外已经建立了 SA8000 等一系列针对企业社会责任管理体系的国际认证标准。

现代企业所要承担的社会责任可以大致分为三类：

一是企业内部的社会责任，主要是指坚持以人为本，把维护职工的根本利益作为企业开展工作的出发点和落脚点，倾听职工的心声，尊重职工的意见和建议，保障职工的合法权益，不断改善工作条件、优化生活环境，以创建学习型组织和争做知识型员工等活动为载体，充分调动职工的积极性和创造性，形成推动企业发展的强大合力。

二是企业组织外的社会责任，指企业对相同与不同行业以及顾客的社会责任，表现为同业公平竞争，共同维护同业生产资源，对异业诚恳支持与协助，相辅共进，而所有的顾客都是企业赖以生存和发展的重要因素。“得民心者得天下，失民心者失天下。”在顾客中的良好信誉、影响力，会促进企业生产经营更好更快地发展。

三是企业的一般社会责任。企业是社会的重要组成单元，是社会的经济细胞。因此，企业要增强社会责任感，勇于承担社会责任，诸如贫民救济、贫民市场创设、环境卫生改进、国家资源保护、公共娱乐供应等均在此列。企业通过履行社会责任，把企业改革的力度、发展的速度和社会可承受的程度统一起来，保持社会的生机和活力，谋求社会秩序的和谐与稳定。

二、现代企业的概念

现代企业既是一个封闭系统，又是一个开放系统。企业主要由人、财、物、信息、目标五个要素组成。这五个要素组成的企业系统，可以抽象地看作一个转换机构。这个转换机构的功能是将输入转换为输出。

现代企业是相对于传统企业而言的。传统企业一般由个人或家族兴办、经营，规模较小，承担无限责任。传统企业的发展潜力有限，这是因为：首先，资本来源受限，个人或几个人的出资是有限的，只能靠利润进行再投资。其次，个人要对企业负无限责任。这是指当企业的资产不足以清偿企业的债务时，个人出资者就要用个人财产来偿还企业的债务。最后，传统企业受个人影响太大，企业的寿命往往有限。当个人出资者出现某些意外，企业往往也就关闭。所以说，传统企业的发展空间是有限的。

产销规模扩大化、组织结构复杂化、分工精密化、产品及市场多样化，是现代企业与传统企业的主要区别。现代企业的概念最早是由美国经济学家钱德勒（Alfred D. Chandler）提出来的。钱德勒指出：凡是进行大量生产和大量分销相结合的工业部门，必然会出现现代的大型工商企业，因为管理协调的“看得见的手”比市场协调的“看不见的手”更能促进经济的发展。由一组支薪的中高层经理人员所管理的多单位企业即可称为现代企业。同时，企业组织的庞大、业务关系的复杂、经营问题的增多，要求有更广博精深的专业管理知识，这就导致了“管理科学”的发展。他对于企业制度所做的深入探讨与研究，为现代企业制度的演进提供了有力的理论参考。

现代企业不是泛指现代社会经济活动中所存在的所有企业，而是指那些适应现代市场经济和社会化大生产的需要，按照现代企业制度要求建立起来的企业。它具有以下特征：

第一，所有者与经营者相分离。公司制是现代企业的重要组织形式，而且公司要以特有的方式吸引投资者，使得公司所有权出现了多元化和分散化，同时也因公司规模的大型化和管理的复杂化，那种所有权和经营权集于一身的传统管理体制再也不能适应生产经营的需要了，因此出现了所有权与经营权相分离的现代管理体制和管理组织。

第二，拥有现代技术。技术作为生产要素，在企业中起着越来越重要的作用。传统企业中生产要素的集合方式和现代企业中生产要素的集合方式可用如下关系来概括：

传统企业生产要素＝场地＋劳动力＋资本＋技术

现代企业生产要素＝（场地＋劳动力＋资本）×技术

在现代企业中，场地、劳动力和资本都要受到技术的影响和制约，主要表现为现代技术的采用，可以开发出更多的可用资源，并可寻找代替资源来解决资源紧缺的问题；具有较高技术水平和熟练程度的劳动者，以及使用较多高新技术的机器设备，可以使劳动生产率获得极大的提高。因此，现代企业一般拥有先进的技术。

第三，实施现代化的管理。现代企业的生产社会化程度空前提高，需要更加细致的劳动分工、更加严密的劳动协作、更加严格的计划控制，以形成严密的科学管理。现代企业必须实施现代化管理，以适应现代生产力发展的客观要求，创造最佳的经济效益。

第四，企业规模呈扩张化趋势。现代企业的成长过程，就是企业规模不断扩大、不断扩张的过程。实现规模扩张的方式主要有三种：一是垂直型或纵向型扩张，即收购或合并在生产或销售上有业务联系的企业；二是水平型或横向型扩张，即收购或合并生产同一产品的其他企业；三是混合型扩张，即收购或合并在业务上彼此无大联系的企业。

三、现代企业的性质和目标

（一）现代企业的性质

企业作为满足社会需求并以营利为目的的市场经济的具有法人资格的基本经济单位，具有以下属性：

1.经济性

企业是从事经济活动的组织，这是企业的首要特性。作为企业，它或者从事商品生产，或者充当商品生产和流通的媒介（期货、金融、经纪），或者提供商业性劳务。总之，通过商品生产和流通为商品消费者（个人或组织）提供使用价值，借以实现企业自身价值（取得合理的利润）的属性既称为企业的经济性，也称为企业的商业性。

2.营利性

企业不同于事业单位、公益组织和政府部门，它必须追求经济效益和社会效益并获得盈利。企业是以营利为目的的经济组织。正如美国学者凡勃仑（Thorstein Veblen）所说：“企业的动机是金钱上的利益，它的方法实质上是买和卖，它的目的和通常的结果是财富的积累。”人们必须看到资本主义国家企业和社会主义国家企业的本质区别。

3.独立性

企业以营利为目的，但并非一切以营利为目的的经济组织都是企业。企业必须具有独立性，也就是说企业必须是自主经营、自负盈亏、独立核算、具有法人资格的、独立的经济组织。企业与工厂不是同一个概念。工厂是工人从事工业（或其他行业）生产活动的场所。有些工厂虽然以营利为目的（如工业公司内部的成员工厂），有的虽然也从事经济活动（如政府机关附属的印刷厂），但不具备独立性，也就不能称为企业。

企业的独立性决定，企业不是行政机关的附属物，企业的拓展也没有行政边界。企业只要办理好有关工商行政手续，就可以根据自身需要跨省、跨地区甚至跨国经营。

4.社会性

企业既是经济组织也是社会组织。而且在现代社会中，企业的社会性功能已不是单纯地从属于其经济性功能，不是简单地反映为“取之于社会，需用之于社会”的道义方面的要求。现代企业已是一个向社会全面开放的系统，它所承担的社会责任与政治责任有时甚至会对其经济行为产生决定性影响。所以企业概念中的“为满足社会需要”，不仅是指满足用户和市场的需要，还包括满足企业股东和一切相关者的需要。

这些相关者在不同方面、不同程度上与企业发生着联系，影响、帮助或制约着企业的行为。企业的社会性责任与其经济性责任有时会相互矛盾，结果往往是迫使企业在经济方面妥协，因此企业利润最大化的目标一般是很难实现的。企业的社会性要求其管理者不仅要有经济头脑，还必须会解决社会、政治问题。

5.企业必须是法人

所谓法人，是指具有一定的组织机构和独立财产，能以自己的名义进行民事活动，享有民事权利和民事义务，依法定程序成立的组织。具有法人资格的组织一般应具备以下几个条件：①必须在国家工商行政管理部门正式注册登记；②有专门的名称、固定的工作地点和组织章程；③具有一定的组织机构和独立财产，实行独立核算；④能独立对外。

（二）现代企业的目标

美国著名的经济管理学家彼得·德鲁克（Peter F. Drucker）曾指出，“企业目标的唯一有效定义就是要创造顾客”。德鲁克的本意不是说企业只关心创造顾客及服务用户，而可以不管成本或不赢利，他主要是想告诫经营者及管理者：存在着一种更好的经营思想，即一刻也不要忽视顾客，不要“只顾赢利而不顾服务”。若不顾用户需求，服务不佳，企业在竞争中必然受挫，自然也难以赢利；而采用追求“创造顾客”的模式，赢利是必然的结果。总之，企业的使命归根结底是创造对社会有使用价值的财富，使得国家乃至全人类的经济繁荣起来。与此同时，社会以合理的利润给予企业回报，形成企业与社会的协调统一。

四、现代企业的分类

现代企业就是适应社会化大生产的需要，运用现代技术，从事满足社会需求的各种经济活动，并获得盈利，能够承担社会责任且引导企业成员共同成长的基本经济组织。现代企业涉及面广、种类繁多，大致可以从两个方面来进行分类：一是按照企业的自然属性，二是按照企业的法律形式。

（一）按照现代企业的自然属性进行分类

1.按照生产要素的集约程度划分

按照生产要素的集约程度划分，现代企业可以分为劳动密集型企业、资金密集型企业、技术密集型企业和知识密集型企业。

（1）劳动密集型企业

劳动密集型企业是指在生产经营过程中技术装备程度低，单位劳动占用资金或资本少，容纳劳动力较多的企业。一般来说，纺织业、服务业、食品业、服装业、煤炭开采业等都是比较典型的劳动密集型产业。这种产业具有投资少、资金或资本周转快、能吸收较多劳动力就业等特点。

（2）资金密集型企业

资金密集型企业是产品成本中物化劳动消耗所占比例较大或资本有机构成较高的企业，它们通常技术装备程度高，使用大量机器设备进行生产经营活动。典型的资金密集型企业有钢铁生产企业、石油化工企业、汽车制造企业、重型机械企业、有色冶金企业等。资金密集型企业的主要特征是投资大、占用资金多、现代化技术装备程度高、容纳劳动力相对少、全员劳动生产率远在劳动密集型企业之上。

（3）技术密集型企业

技术密集型企业是指技术装备程度比较高，所需劳动力或手工操作的人数比较少的企业。这类企业多为新兴行业中的企业，如计算机企业、电子商务类企业、精密机械企业等。技术密集型企业具有自动化水平高、资金投入较多、劳动生产率高的特点，它是综合运用先进的、现代的科学技术成就的工业企业。随着社会生产力和科学技术的发展，各个国家在工业发展的进程中，都有一个从劳动密集型转为技术密集型的过程。

（4）知识密集型企业

知识密集型企业是指综合运用先进的、现代化的科学技术成就的工业企业，也有人称之为知识技术密集型企业。航空航天工业、大规模和超大规模集成电路工业、生物工程、激光技术等企业属于知识密集型企业。这类企业通常生产高精尖产品，中高级技术人员人数多，科学研究和产品开发所占的比重大。

2.按照企业的经营内容和行业属性划分

按照企业的经营内容和行业属性划分，现代企业可以分为工业企业、农业企业、商业企业、交通运输企业、建筑安装企业、金融企业、旅游企业和饮食服务企业等各种类型。

3.按照企业的规模划分

按照企业的规模划分，现代企业可以分为大型企业和中小型企业。大型企业一般是指大规模集中经营的企业。这里的“大规模”包含两层意义：一是指企业资产数额庞大，员工人数众多；二是指企业生产经营的规模和范围大。我国对中小型企业标准的划分有着明确的规定，相关法律法规是根据企业职工人数、销售额、资产总额等指标，并结合工业、建筑业、交通运输和邮政业、批发和零售业、住宿和餐饮业等不同行业的特点而确定的。

（二）按照企业的法律形式进行分类

按照财产的组织形式和所承担的法律责任不同，现代企业可以划分为独资企业、合伙企业和公司制企业。

1.独资企业

独资企业是指符合国家法律法规的规定，由单一投资主体出资兴办，并归出资人所有，单独承担全部经营责任甚至无限连带责任的企业。独资企业有国有独资企业、法人独资企业和个人业主企业三种形式。其中，最重要的是个人业主企业，又可称为自然人企业，它一般不具备法人资格。独资企业是一种比较简单的企业法律形式，主要适用于零售业、手工业、农林业、服务业和家庭作坊等小型企业。

独资企业的主要优点是：①企业组织结构简单；②经营收益由投资人独享，企业的建立与解散程序简单易行，企业产权能够较自由地转让；③经营管理灵活自由，企业由投资人所有和控制，经营方面的外界制约因素少，具有充分的自主权，能够完全按照自己的意志和目标进行经营管理，决策迅速有效；④企业的收益纳入个人所得税核算，不必承担双重课税，纳税额可能低于公司制企业；⑤经营活动保密性强。

独资企业的主要缺点在于：①企业主需以其个人财产对企业的营运和发生的债务负完全责任；②独资企业有限的经营所得、企业主有限的个人财产、企业主一人有限的工作精力和管理水平等，都制约着企业经营规模的扩大，难以经营需要大量投资的项目，不会成为现代社会企业组织的主导形式；③企业的寿命有限，企业的存在完全取决于企业主，一旦企业主终止经营，如市场竞争失败或自然死亡（除非有子女继承），企业的生命就会由此终止。

2.合伙企业

合伙企业是指依法设立，由两个或两个以上的出资人订立合伙协议，共同出资、联合经营、共享收益、共担风险，并对合伙企业债务承担无限连带责任的营利组织。合伙企业在一定程度上弥补了独资企业业主在资本、知识、能力等方面的缺陷。合伙企业也属于自然人企业的范畴，需要合伙人负无限连带责任；同时，合伙企业法中特别规定，合伙企业在其名称中不得使用“有限”或者“有限责任”字样。一般情况下，合伙制企业的规模也比较小，且限于一些特定的行业，如律师事务所、对冲基金、会计师事务所等。

与独资企业相比较，合伙企业的优点在于：①可以从众多的合伙人处筹集资本，合伙人共同偿还债务，减少了风险，使企业的筹资能力有所提高，有利于增加客户数量和业务种类；②企业盈亏由合伙人共担，并负有完全责任，有助于提高企业的信誉。

合伙企业的缺点在于：①所有合伙人都对企业债务负有连带无限清偿责任，使那些并不能控制企业的合伙人面临很大的风险；②由于所有的合伙人都有权代表企业从事经济活动，重大决策都需要得到所有合伙人的同意，容易造成决策上的延误和差错；③如果合伙人中有人死亡或退出，或者接纳新的合伙人，都必须重新确立一种新的合伙关系，这便使企业在法律上具有复杂性，使企业的稳定性降低。

3.公司制企业

公司制企业又称为公司，是现代市场经济中企业制度的主导形式。公司制企业是依照较严格的法定程序登记设立，由数人出资兴办，依法自主经营、自负盈亏，以营利为目的的企业法人。公司享有由股东投资形成的全部法人财产权，依法享有民事权利，承担民事责任。公司的股东作为出资者，按投入公司的资本额享有所有者的资产收益、重大决策和选择管理者等权利，并以其出资额或所持股份为限对公司债务承担有限责任。公司制企业不同于前两种形式的企业：公司制企业是法人企业，对债务承担有限责任；独资企业和合伙企业是自然人企业，对债务承担无限责任。公司制被称为现代企业制度。公司制企业的本质特征可概括为以下五个方面：

（1）产权特征

产权清晰是现代企业产权制度最重要的特征，也是整个现代企业制度的基础。公司制企业的所有权和控制权相分离，股东的所有权与股东出资形成的财产的实际控制权相互分离。股东通过由所有权派生的表决权制定和规范公司的法人治理结构，其股东会、董事会和执行机构之间权、责、利分明，并形成受法律保护的有效的制衡关系。

（2）法人特征

法人与自然人不同，是一种无生命的社会组织体。法人的实质，是一定社会组织在法律上的人格化。公司制企业作为企业法人，是具有国家法律规定的独立财产，有健全的组织机构、组织章程和固定场所，能够独立承担民事责任、享有民事权利、承担民事义务的经济组织。

（3）组织特征

在规模经济的引导和市场需求的拉动下，相对于独资企业和合伙企业而言，公司制企业规模日趋大型化，组织形式也由低级、简单相应地向高级、复杂发展和演化。根据系统性和灵活性相结合的原则，公司制企业通过采用不同程度的专业化和联合化形式适应企业内外部环境的需要，保证企业经营管理工作的高效率。

（4）技术特征

科学技术是知识形态的生产力，公司制企业为实现经营发展的目标，充分应用现代化、系统化的科学技术成果，其中也包括技术科学和社会科学的研究成果。

（5）管理特征

公司制企业建立了科学的企业领导体制和管理制度，形成了科学严密的管理体系和方法，能够调节所有者、经营者和职工之间的关系，形成激励和约束相结合的经营机制，体现了管理的系统性、综合性和有效性。

公司制企业的优点主要包括以下几个方面：①投资者（或称股东）只以出资额为限承担企业责任，降低了经营风险，这就是所谓有限责任；②可以发行股票，融资能力强，有利于扩大生产经营规模；③所有权转移方便；④企业的管理水平高；⑤所有权与经营权分离，专家管理，有利于提高效率，企业的发展也较稳定。

公司制企业也有一些缺点，主要有：①组建程序复杂，运营费用较高，有较多的法律法规进行限制；②公司要定期公布财务信息，商业秘密易于外泄，保密性较差；③公司的所有权与经营权分离，会产生经理人的越权问题；④公司所得税在一定情况下高于个人所得税，投资人在分红时还要缴纳个人所得税，造成双重纳税。

五、现代企业的职能

现代企业是构成现代经济社会的基本单位，在提高社会的生活水平方面起关键作用。它不仅要不断地为社会创造财富并使之不断增值，而且必须履行必要的社会责任和义务。

为社会创造财富、获得盈利是现代企业的基本职能。在信贷市场经济条件下，企业作为商品的生产经营者，如果不能为社会创造财富并使之不断增值，也就失去了存在的价值。企业如果不能赢利，则在激烈的竞争中便无法生存下去。

盈利是企业创造的附加价值的重要组成部分，也是社会对企业所提供的产品和服务满足社会需要程度的认可和报酬。一般地，企业提供的产品和服务对需求者和社会贡献越大，则取得的利润也越大；反之，利润小的企业则可看作这个企业对社会贡献小；而亏损较多的企业则不仅没有为社会创造财富，相反是在消耗社会的财富，浪费人类社会有限的资源，必定要遭到社会的排斥而失去生存的空间。可见，企业不断地为社会创造财富、获取盈利不仅是人类社会赋予现代企业的基本职能，也是现代企业从事生产经营的主要目的。

承担和履行必要的社会责任与义务是现代企业的重要职能。企业组织作为一定经济、社会角色的扮演者，必定要受到它所生存的环境的影响和制约。因而企业在实施生产经营的系列活动中，将不得不去面对股东、银行、职工、供应者、同行业竞争者、政府机关、所在社区、周围居民等一切与之相关社会团体的需要。这就决定了企业不能只为自身谋取利益，而要肩负兼顾各方利益的社会责任，诸如社会就业、养老保险、保护环境、节约国家资源、促进所在社区的发展等。

第二节　现代企业人才管理机制

在企业管理中，常用的一个词叫“核心人才”。我们现在所说的中高级人才就是核心人才的另一种表达方式。一个企业的运转，靠的就是这些人的上传下达。所以，有了对这些人的良好管理，就基本保证了企业的良好发展。而这些人就像是企业这台大机器上面的重要部件，如何确保其稳定高效运转，则需要一套有力有效的机制。

人才管理机制指的是企业在人力资源的生产、开发、配置、使用等诸环节进行管理的各种措施和制度的关系和自适应过程。其本质就是要揭示人力资源管理系统的各要素通过什么样的机理来整合企业的人力资源，以及整合人力资源之后所达到的状态和效果。人才管理机制是由人力资源管理目标和功能所确定的一系列职能和程序化行为所构成的内在运行机能。它通过一定的模式表现出来，并由人力资源管理系统的功能结构和制度化体系所决定。它包括以下含义：①人才管理机制运行的目标是由人力资源管理系统的功能决定的；②人才管理机制的运行体现在人力资源管理的职能和程序、活动之中；③人才管理系统的程序保障其内在机制的运行，即建立一定机制，就必须建立一定的制度，以保证机制的运行，使管理活动围绕系统的目标有序进行；④人才管理机制通过人力资源管理活动影响并制约人才的心理和行为，机制改变，人力资源管理活动随之改变，对人才的心理和行为的影响也会改变。

人才管理机制包含人力资源管理各项管理职能在一个系统中的相互关系，而且这个系统是一个有反馈的自适应系统。科学的人才管理机制主要包括五个方面：选拔机制、使用机制、培养机制、激励约束机制、流动机制。

一、选拔机制

人才选拔是指企业为了发展的需要，根据人力资源规划和职务分析的要求，寻找那些既有能力又有兴趣到本企业任职的人员，并从中挑选出合适的人员予以录用的过程。人才选拔是企业其他活动得以开展的前提和基础。科学的选拔首先需要树立科学的人才观，让想干事的人有机会，能干事的人有舞台，干成事的人有地位、有待遇。要确立人才平等竞争的观念，确立人才资本和人才发展的观念，把人才的培养和使用提升到事关企业长远发展的地位，从对人的尊重开始完善人才管理机制，不唯学历、不唯职称、不唯资历、不唯身份，鼓励人人都做贡献，人人都能成才，人人都释放潜能，实现企业的可持续发展。要做到这些，关键是把握好以下三点：

第一，企业在引进人才时，应当由需要引进人才的部门认真分析工作岗位，明确岗位职能与责任，将引进人才的要求和条件通知给人力资源部门。同时，人力资源部门应当与这些部门进行详细的商讨，以确定人才引进的标准，这样做不仅可以避免人才招聘的随意性和盲目性，也为将来的人才业绩考核提供了客观公正的依据。

第二，在人力资源部门向社会招聘的过程中应当遵循“只引进最需要的人才而不是最优秀的人才”的原则。最好的并不一定是最合适的，企业应当根据具体的工作需要，去引进最合适的人才，同时要注意选择那些“德才兼备”的人才，以“德”为先、以“才”为重。

第三，对招聘来的人才应当进行岗前培训，使其尽快了解企业的工作环境，掌握上岗所需要的技能和条件。许多跨国企业非常注重员工的培训，每年都投入大量的资金对员工进行培训，使他们真正成为企业所需要的人才，为企业创造财富和利润。

二、使用机制

对于企业来说，要发挥人才的优势、潜力和智力，必须建立合理的人才使用机制。

第一，根据个人成长和发展的特点，引入“职业生涯设计”机制。通过有效的沟通，了解员工个人的愿望和性格，结合企业的发展目标，帮助员工设计个人的职业生涯计划。同时，努力创造实现这些计划和目标的条件和环境，使员工真正感受到企业对他们的关心，这有利于提高员工的积极性，增强员工对企业的忠诚度和归属感。

第二，建立内部竞争制度。通过建立“能上能下、能进能出”和“能者上、平者让、庸者下”的灵活用人机制，达到人才竞争上岗，优化人力资源，真正实现岗适其人、人事相宜、人尽其才、才尽其用。这一方面增强了企业人才管理的灵活性，不断为企业增添新的活力和血液，提高了知识转化为财富的效率；另一方面在实现企业整体战略目标的前提下，员工个人的自我发展和自我价值也得到了体现，促进了人才的进一步发展。

第三，提供人才发挥才能的工作环境，使其有充分发挥才能的空间。特别是对那些具有创新性的人才，不能用常规的方法来严格约束他们，而要提供宽松的工作环境，让他们大胆创新，开发出更先进的工艺和产品。同时，企业管理者要有宽容之心，对于员工在研究和开发过程中的失败不应指责、批评，而要帮助他们寻找失败的原因，总结经验和教训，并加以鼓励和支持，这不仅可以增强员工的自尊心，也有利于企业感情留人。

三、培养机制

从企业人力资源管理的角度来讲，人才培养机制是指建立在企业现状的基础上，对发现人才、培育人才起推动、协调和控制等作用的方法、手段及运动过程的综合体系或总和。健全的培养机制能保证人才的素质得到不断提高，增强企业的整体优势。培训的目的是提升员工的个人业绩，最终使企业实现利润最大化。要做好培训工作，培训的需求调查工作至关重要，只有准确地分析了解员工的基本培训需求，才能切实有效地开展培训工作，达到有的放矢。再次开展培训时，企业就可以调整需求分析的方法，同时从组织层面、部门层面及员工个人层面开展需求分析调查。在对这三个层面的培训需求调查结果出来后，接下来就是将其进行整合，制订详细的培训计划，采取合适的培训方式。

第一，实行轮换工作岗位制度，做好培训。为了调动广大职工的工作积极性和创造性，从管理角度讲，针对职工在一定岗位工作多年的情况，应当建立科学的换岗制度。调换工作岗位后必然有一个适应和学习的过程，企业要为职工创造学习机会，重视对员工的培训，促进员工业务、劳动技能水平的提高。

第二，给员工提出目标要求。企业应当给员工一个看得见的明确目标，这样员工进入企业就知道该往哪个方向发展，进而把员工个人的成长和企业的发展统一起来。

第三，为员工创造参与企业管理的机会。为了满足员工自尊和自我实现的需要，使员工真正体会到自身价值，企业在作出重大决策或制定某些重要的管理制度、政策时，不能由个别领导说了算，应让职工代表大会尽可能地发挥作用，使员工真正参与到企业的管理中来。

四、激励约束机制

激励机制是指在组织系统中，激励主体为实现特定的组织目标，运用特定的刺激手段，形成相对固化的规范，具备激发客体实现主体设定目标的功能的结构体系。或简单地说，是在组织中用于调动其成员积极性的所有制度的总和。激励机制包含两个要素：一是发现员工需要什么，然后将这个事物作为员工完成工作的报酬；二是确定员工的能力是否可以完成这项工作。也就是说，需要和能力是实现激励功能的两个要素。企业通过激励机制给予人才不断提升自我价值、能力和业绩的动力，增强人才的工作积极性。

激励机制是目前企业最为关注的问题，且大都采取了绩效管理的形式。绩效管理是一个系统的管理过程，为了使企业经济效益与岗位表现共同提升，可建立起两个层次的互动有机的绩效考核体系：一是企业对部门的一级考核体系，二是部门对岗位员工的二级考核体系。而企业对部门考核内容的确定，首先是根据企业级年度工作目标，将能够量化的部分提炼成企业级关键绩效指标，形成“企业关键绩效指标库”，将不能量化的部分定性总结描述为公司管理重点工作任务，形成重点计划，分解到各部门，使其各负其责，并辅以基于部门职责的部门级计划，关注部门基础性工作及亮点，同时增加部门配合满意度评价，关注部门间的协作情况。因此，部门绩效考核内容主要包括四个方面：企业级关键绩效指标、企业级重点计划、基于部门职责的部门级计划、部门配合满意度。

约束机制主要是根据企业的发展战略，制定各种必须遵守的规章制度，采取必要的监督手段，约束企业人才权限，避免出现违规行为给企业造成损失。

约束机制大体上分为两个方面的内容，即内部约束和外部约束。内部约束可以体现在上面所说的绩效管理中，外部约束则体现在企业提供给员工的待遇相较同类企业有竞争力和吸引力，即有留住人才的能力。

五、流动机制

人才流动是指使人才流通起来，就是说人才的任用要随时按照人才、岗位的要求以及其他客观环境的变化而不断进行调整，使人才在流动中不断得到调整、优化。流动机制可使人才保持活力，使企业保持动力，达到实现人才价值配置、整体素质优化的目的。

这五大机制相互协同，从不同角度来整合企业的人力资源，提升人力资源管理的有效性，形成一个全面的人力资源管理系统，使得人才在企业中能够持续地处于激活状态，并不断提升其业绩和能力。

第三节　现代企业人才及其培养模式分析

一、现代企业人才的概念

美国早期的经营骄子“钢铁大王”卡耐基（Andrew Carnegie）曾有这样一句名言：“将我所有的工厂、设备、市场、资金全部夺去，但只要保留我的人才，几年之后我将仍然是‘钢铁大王’。”日本丰田汽车公司的著名领导人石田退三在谈到该公司的成功经验时也说过："任何工作，任何事业，要想大力发展，给它打下坚实的基础，最要紧的一条是'造就人才'。"在我们国内，亦有许多靠人才使企业起死回生，靠人才在激烈的商战中获得大发展的成功范例。这些都表明了人才对于企业生存和发展的重要性。

什么是现代企业人才？这是与特定的历史环境分不开的。当前我国处于社会主义市场经济条件下，因此，现代企业人才应该是市场经济条件下的企业人才。按照市场经济对企业人才的要求，所谓现代企业人才，指掌握现代市场经济知识，掌握构成企业生命组织整体与部分运作规律，直接或间接为企业工作和服务的人。这一概念，大致包含以下三层内容：

第一，现代企业人才必须掌握现代市场经济知识，这是成为现代企业人才的前提和条件。市场是企业生存的环境和条件，不懂市场经济知识的人才不是现代企业所需要的人才。市场经济的核心是买和卖，但要完成买和卖的过程，就要懂得市场经济的构成要素和市场经济规则，以及市场经济对企业管理、产品质量、企业形象的要求等。当然，作为现代企业人才，由于精细的分工，也不可能人人都是"市场通"，但是必须从整体上懂得市场，具有市场意识。每个企业人才所从事的工作，都与买和卖的成功与否有着密切的关系。现代企业人才所应具有的市场意识，必须是全方位的，其中包括以提高经济效益为宗旨的时效意识、质量意识、科技意识、管理意识、开发意识、信息意识、营运意识、人才意识、节约意识、改革意识和以市场经济的等价、公平为宗旨的信誉意识、公益意识、环境意识、公关意识等。当然不能要求企业的每一个人才都必须全部具备上述意识，但至少应具备与自己所从事的专业相关的意识。这是现代企业人才必须具备的相关意识条件。

第二，现代企业人才必须掌握构成企业生命组织整体与部分的运作规律。这一点是对现代企业人才的专业技术水平的要求。《现代汉语词典》（第 7 版）中，"人才"是指"德才兼备的人"或者"有某种特长的人"。但德才兼备或有某种特长的人并不都能成为现代企业人才。在这里，关键是才能和特长必须和构成企业生命组织的整体与部分产生联系，并且这种联系是对企业生命组织整体与部分运作规律的驾驭，而不是简单的认识或一知半解。这里需要说明的是构成企业生命组织的整体与部分的含义。一个企业的生存和发展是由多种因素决定的，既有内部原因，也有外部原因，但归根结底是由内部原因决定的。根据这一道理，这里所说的构成企业生命组织的整体与部分，主要是指构成企业自身的各个部分的总和，就像人有头、手、脚，这是人的组成部分，而人的四肢、躯体和头等组成了人的整体形象。但是，作为企业生命组织的部分与整体不包括影响企业生命的外部环境条件。构成企业生命组织整体的，就是企业自身直接或间接影响或决定企业生命的各种因素之和。如企业的供、产、销，人流、物流、资金流等，其中哪一个方面出了毛病，都会危及企业的生命。因此说，构成企业生命组织整体的是企业自身直接或间接制约或决定企业生命的各种因素之和。构成企业生命组织的部分，当然也就是构成企业生命组织整体的各个部分，如企业的原材料供应、生产的组织、产品的销售等，都是企业生命组织的组成部分。

这里所说的掌握构成企业生命组织整体与部分的运作规律，实际上包括两部分内容：一是掌握构成企业生命组织整体的运作规律；二是掌握构成企业生命组织部分的运作规律。掌握构成企业生命组织整体运作规律的人才，一般指企业的管理人才，如厂长、经理等。掌握构成企业生命组织部分运作规律的人才，一般指专业技术人才，如工程师、技师、会计师等。

第三，现代企业人才必须是掌握构成企业生命组织整体与部分的运作规律，直接或间接为企业工作和服务的人。这里有三层意思：一是掌握构成企业生命组织整体与部分的运作规律。由于主观的原因而不能直接或间接地为企业工作和服务的人，不能说是现代企业人才。如由于年龄和身体的原因不能再为企业服务的企业家。二是掌握构成企业生命组织整体与部分的运作规律，直接为企业工作和服务的人才。这部分人本身就是企业生命组织的一部分，如企业的经营管理人才、公关人才、营销人才和科研与技术人才等。三是掌握构成企业生命组织整体与部分的运作规律，间接为企业工作和服务的人才，如有某种专长，兼职为企业工作或服务的顾问等。

二、现代企业的人才需求

现代企业所需要的人才是多方面的，大致可分为以下几类：

（一）管理人才

现代企业离不开管理，一个企业的生命是由多方面因素构成的，只有通过管理，才能把多种因素组合在一起，并按一定的目标进行整体的运作。因此，管理人才当属现代企业人才之首。什么样的人才，才算现代企业管理人才呢？国外许多有影响的管理学专家都做过权威性的论述。泰勒（Frederick Winslow Taylor）从企业管理的角度，认为一个合格的管理者必须具备九个方面的条件：健全的脑力；一定的教育；专门的科学或技术的知识；机智灵敏；充沛的精力；坚强的毅力；忠诚老实；判断力和一般常识；良好的健康状况。法约尔（Henri Fayol）认为一个管理人员一般应具备以下素质和能力：①体力方面，要身体健康，精力充沛，反应灵敏；②智力方面，要有理解、学习和判断的能力，思想开阔，适应性强；③品德方面，要干劲大，坚定，愿意承担责任，有主动性，有首创精神，忠诚、机智、自尊；④一般文化方面，要对不属于所执行职能方面的事有一定的了解；⑤专业知识方面，要对所负责的技术、经营、财务管理等方面的专业知识有深入的了解；⑥经验方面，要具有从工作本身产生的知识、经验、教训。日本产业能率大学的管理教材《管理者》，把理想的管理人才归结为：具有能适应各个领域的管理技术方面的专业知识，能起到承上启下的中枢作用；能运用科学手段并充分运用自己的经验和直觉；决策迅速、指挥正确，人际关系处理得好，能不断地提高自身的管理水平等。

布莱克（Robert R. Blake）和穆顿（Jane S. Mouton）在《管理方格》一书中则认为，理想的管理者既关心工作同时又对人采取体谅态度，既能管好事又能管好人。在我国，一般认为现代企业管理人才就是能够掌握和运用现代企业生存与发展运作规律、德才兼备的管理者。“德”，就是坚持四项基本原则和党在新时期的基本路线，有优良的道德品质和作风；“才”就是掌握现代经营思想，精通现代管理技术和方法，熟悉现代生产技术，懂得现代企业的用人之道，能够驾驭市场，能使企业在竞争中求得生存和发展。

（二）科技人才

运用先进的科学技术来武装企业、发展企业，是使企业保持旺盛的生命力和竞争力的重要条件。特别是近一二十年，飞跃发展的科学技术对经济和社会发展产生了巨大影响，引起了新的产业革命。各企业间简单的产品成本竞争，正在转变为产品科技含量竞争；传统的初级产品及一般工业品的竞争，正在转变为高科技产品的竞争。这种新的竞争内容和特点，使科技人才在企业的生存与发展中具有举足轻重的地位。所谓现代企业科技人才，就是指能够按市场的要求进行新产品的研究开发和生产的专业技术人员。现代企业科技人才一般应包括两部分：一是从事新产品的研制和开发的科技人才，他们所从事的科研工作是为企业的明天和后天准备新产品；二是从事产品直接生产、制造的科技人才，他们所从事的科技工作决定着产品能否在激烈的市场竞争中战胜对手。他们的成果体现在产品的质量、数量、花色品种及使用价值上。

（三）公关人才

现代企业中的公关人才，是企业与顾客交往并进行信息交流活动所必不可少的。从一定意义上说，企业公关是为塑造企业形象而进行的工作。企业形象的塑造，不但有知名度、美誉度、可信度等指标，还要给公众留下深刻的印象，在顾客心目中留下与众不同的印象。要实现这一系列的目标，仅靠展销、广告宣传等常规活动是远远不够的，还必须配以与众不同的、使公众难忘的公关活动。这些活动不是靠简单的模仿，而是靠创造。只有创造策划具有新意，并且能够给顾客留下深刻印象的公关活动，才能使企业或产品一鸣惊人，产生“万花争艳，一枝独秀”的效果。企业公关人才一般应具备以下条件：一是优良的品质，包括优良的政治品质、高尚的道德品质和良好的工作作风；二是丰富的知识，包括基础理论知识、专业知识和社会知识；三是良好的身体素质；四是较强的公关能力，包括组织能力、宣传推广能力、交际能力、自控和应变能力、表达能力、创造能力等。

（四）推销人才

在市场经济条件下，作为一个生产或经营产品的企业，能否取得成功，从一定意义上说，就在于它能否把自己生产的产品或者所经营的产品推销出去。实践表明，并不是所有人都可以做成功的推销员，更不是所有的推销都是成功的。因此，推销活动的特点要求企业必须培养专门的推销人才。作为推销人才，目前至少应具备两种能力：一是寻找客户的能力。寻找客户的能力又包括寻找现实客户（当即买）的能力和寻找潜在客户（以后买）的能力。现实客户是企业生产的产品的现实消费对象。只有有其产品的现实消费对象，企业才能生存；只有有其产品的潜在消费对象，企业才能发展。所以，推销人才的首要能力是发现、寻找现实的和潜在的客户。二是讨价还价的能力。在市场经济条件下，产品的价格一般是随着产品的价值上下浮动的。这里的价值一般是指产品的劳动价值或社会价值。但对于客户来说，这个价值是客户自我心理认定的价值。这样，买和卖的过程就必然形成讨价还价的过程。一方是尽可能多地获得利润，另一方是尽可能用少的钱买到尽可能好的产品，要达到此目的，也只有通过讨价还价才能实现。

（五）情报信息人才

在市场经济条件下，企业始终处在激烈的竞争环境之中，要在竞争中取胜，首要的条件就是知己知彼。知己，就是熟悉企业自身的生产经营状况及竞争的实力；知彼，就是了解竞争对手的各种动态及消费者的需求情况。要做到知己知彼，必须大量地获得情报信息，及时开发利用情报信息，这就需要情报信息的专门人才。

以上五种人才，是任何一个现代企业都必不可少的。他们好比是人的头和手、脚，少了任何一个部分，都会使企业变得残缺不全，而一个残缺不全的企业同一个头脑清醒、四肢发达的健康企业进行竞争是很难取胜的。

三、现代企业人才培养模式分析

人才是企业的第一资源，是在生产运营过程中最能增长价值的核心要素，是支撑企业不断开拓创新、持续健康发展的基石，是促使企业在市场竞争中取得优势的最关键的因素。总之，人才是企业兴旺发达的动力。因此，对于现代企业来说，人才对企业的发展至关重要。而人才培养是提升用人质量的关键，是获得高素质人才的主要途径。面对当前复杂的国际和国内形势，企业所处的市场环境瞬息万变，只有培养出一批专业的、高素质的人才，汇聚行业内大量精英，才能在商海征战中保持优势地位，具有引领性实力。否则，即便有雄厚的资金支持，仍然会因缺乏创新力和智力支撑而被市场淘汰。尤其对我国广大中小企业来说，其本身处于起步期，需要依托创新来谋求发展，因此，更需要注重人才培养，深入探究人才培养的特征和规律，摸清当前人才培养中存在的一系列问题，进而探寻科学的人才培养模式。

（一）现代企业人才培养的特征分析

在现代企业中，人才培养具有一定的规律可循，但也表现出培养周期短、培养标准与实际工作脱节、人才流动性大等特征。

1.培养周期短

我国部分现代企业人才缺乏，总体人员配置相对不足，甚至出现一人顶多岗、一人兼多职等情况。虽然人才培养是提升人才素质的主要途径，但是往往由于对人才急于使用、难补空缺等因素，造成新人在尚未得到长时间培养的情况下就被拉出来“遛圈”，迫使其在企业中独当一面。因此，在部分现代企业中，人才的培养往往时限短、不脱岗，更多需要人员在岗位上接受相应锻炼，通常不会给予其太多时间进行过渡准备或者熟悉业务。这就要求企业人才培养的安排特别紧凑，同时要求相应的人员能够迅速进入工作状态，尽快达到熟练和专业的标准。

2.培养标准与实际工作脱节

很多现代企业没有相对成熟的内训能力，对于员工的日常培养不足。而委托外部的培训，虽然在师资配置、课程安排、专业程度等方面都有很大优势，但是培养的内容往往不能与企业自身有效契合，培训的标准不能按照参训企业的实际进行科学调整，造成学习内容和培训知识与企业的岗位要求存在一定差距，培养的人才对于各个企业来讲不具有普适性，即出现与企业实际脱节的情况。另外，部分企业对于自身人才的培养急功近利，想尽最大可能来挖掘人力资源价值，而对于人才的培养标准要求过高，造成人才的培养成效不大，育人和用人的收效偏低。

3.人才流动性大

企业培养人才的目的是更好地利用人才。而对于现代企业来说，人才培养除了需要支付较高成本以外，还需要考虑人才的高流动性。若要减少人才的流失，一般需要人才的成长和发展与企业发展相适应和匹配，而现代企业在市场中遇到的变数较多，影响因素复杂，容易造成人才工作环境的变化。

无论从企业发展所需的人才知识结构和业务能力水平方面，还是从企业为人才发展所提供的条件出发，都会造成员工的流动和人才的流失。对于现代企业来说，人才流失的代价巨大，往往需要付出更多成本来培养相应人才，以弥补损失和冲抵相应的不确定因素造成的不良影响。若出现大规模的人才异常流动，甚至会对企业造成致命的影响。

（二）现代企业人才培养存在的问题与不足

1.人才培养理念陈旧

对于现代企业来说，人才的培养缺乏相对明晰的思路，对于人才的引进、培养和使用没有科学的理念支撑，还不能做到人尽其才、知人善任。在大多数现代企业中，对于人才的培养、选拔等都是侧重领导推荐、基于领导印象，而不能根据企业实际，不能结合员工个人职业规划和公司发展需要对员工进行科学培养和有效培训，最终导致人岗不匹配、人力资源不能有效发挥作用。另外，企业对于人员的认识和评价较少，不能掌握个人的性格特征和发展潜质，对于人员培养不能遵循其性格特征、发展潜质，造成培养的人才与岗位不适应、与人才个人发展目标相左，最终浪费了企业资源，也影响了人才的职业定位和个人职业发展。

2.培养内容侧重理论

对于现代企业来说，人才培养最为直接的目的就是将现有人力资源快速转化为生产力，为企业发展提供智力支持。然而，在当前的人才培养中，企业往往不能快速得到所需的岗位人才。在培养过程中，企业通常要求人才不但要掌握专业知识、具备专业技能，而且要了解企业的发展实际、熟悉企业的发展现状，并且具有创新精神，能够快速为企业所用。而当前的人才培养更为偏重对理论知识的学习，对人员的业务实践、现场教学方面的内容则安排较少。相对于优秀的企业，普通的企业中缺乏能够带徒的“师父”角色，往往需要个人根据理论知识进行实践摸索。

3.人才培养投入偏低

现阶段，企业面临着激烈的市场竞争，更热衷于使用符合企业岗位需求的熟练工，以及能够独当一面的通才和开拓创新意识较强的专业技术人才。在人才培养过程中，现代企业侧重人才技能的运用和人力价值的挖掘。很多企业负责人在潜意识里认为，人才培养是大型企业的事情，中小企业应该以最小的代价、最快的时间寻找到企业需要的、人岗匹配的专业人才为己所用，快速转化为企业发展的支撑力量，体现出核心价值。

4.缺乏规范化人力资源管理体系

现阶段，很多企业自身的部门设置不完善，管理制度和管理流程相对松散，人才管理制度也相对缺乏。人才培养作为企业人力资源管理的重要组成部分，存在一系列问题的原因，归根结底是企业缺乏规范化的人力资源管理体系。对于一般企业来说，有的甚至没有设置专门的人力资源管理部门，对于人才的使用方面，仅是随用随招，没有专门的人员培养计划、人才招引和人才应用方案，对于企业人力资源的短期、长期发展没有一个相对明确的规划，更不会针对每个岗位的工作人员设定科学合理的职业发展路径，造成人才的晋升通道不明确，导致工作人员缺乏归属感，影响企业对人才潜能的挖掘和人力资源的长期管理。

（三）打造现代企业人才培养模式的对策建议

1.建设规范化人力资源管理机制

针对当前大部分企业人力资源管理体系不健全、人才培养计划和方案缺乏、人力资源价值发挥不足等问题，要精准施策，采取相应的优化对策：

一是成立人力资源管理部门。各企业要立足于自身实际，合理设置相应的人力资源管理部门。对于人员偏少、规模偏小的企业，可以通过行政人员兼职等方式，由后勤人员负责人力资源管理的相关业务，兼顾人才培养等工作职责，行使人力资源管理职能，确保企业规范化运营。

二是规范人才培养方案。人力资源管理部门应针对人才培养进行重点研究，对于人才的招聘、培养、运用流程做到科学设计，确保根据企业发展需要超前培养出一批专业化人才，打造一支高素质人力资源队伍。要合理设置企业的培训时间、内容、人员，确保其与企业人才的配置需要、工作环境等有效衔接，明确人才培养的范围、层级，用最科学的方案为企业节省投入，打造出人才梯队发展的最优方案。

三是完善人才职业发展规划。企业要对招聘的人才进行科学配置，尤其是管培生等群体，要引导他们制定科学的职业发展规划。

2.创新多元化人才培养载体

新形势下企业不能禁锢于传统的人才培养方式中，不能一直仅沿用师带徒等模式，还需要不断开拓创新，探索出更适于企业自身发展的人才培训载体。

一是探索在线培训方式。现阶段，移动互联网技术快速发展，终端工具已实现普及，线上教育已成为当前教育的主流渠道之一，深受受众欢迎。企业要积极抢抓新机遇，用好网络新媒介，联合各类管理咨询培训机构，做好员工的线上培训工作和企业内训工作，真正让企业的人才培养和员工培训能够摆脱时空限制，实现长周期、专业性的兼顾，切实提高人才培养的实效。

二是实施现场教学。针对部分企业人才培养中偏重理论及理论与实践环节脱节的问题，要结合企业生产运营实际，多深入企业一线，依托现场教学等手段，让员工能够掌握实操技能，了解企业实际，掌握真正的工作技能。

三是开展参观考察培训。不定期组织员工开展行业标杆企业参观考察活动，通过同行交流座谈、作业现场参观、经验交流等方式，让员工全面了解标杆企业的经验做法，获取行业前沿知识，开阔视野，不断学习新知识、掌握新做法、树立新理念。对于小型生产企业，还可以和技术服务公司达成人员合作培养协议，定期派一批人才到企业服务的项目进行实习，在实战中掌握专业知识，培训应对急难险重问题的专业技能。

3.着眼人才的人文关怀

员工的归属感、团队的向心力、工作的积极性等都是人才培养的关键内容，也是评价人才培养成效的主要参考内容。因此，对于现代企业来说，除了在人才培养中强化知识、技能的学习以外，还需要注重对员工的人文关怀，让他们能够感受到企业的温暖、团队的热情。

一是强化企业文化建设。企业要强化自身的文化建设，真正打造“以人为本”的企业文化，让员工体现出价值、体味到温暖、体验到愉悦。

二是注重奖励激励。企业应制定相应的奖励激励办法，对于进步较快的员工、工作中贡献较大的员工、工作中积极担当的员工，要给予一定的物质奖励，也要借助员工会议等形式进行精神鼓励，为其他员工树立榜样，发挥好激励引导作用。对于后进员工和考核排名末位的员工要进行诫勉谈话，督促其积极发挥主观能动性，做到奋发有为。

三是突出心理疏导。企业要关注员工的心理状态，及时了解员工的心理波动，针对一些异常情绪，要做到快速反应，邀请专业人士或者由管理人员对员工进行谈心谈话，及时进行心理疏导，并做好危机公关，防止出现大范围人事变动。

4.增强对于人才的吸引力

若要汇拢一批高素质、专业化人才，企业需强化内功，培养行业核心竞争力，打造相应的知名度和影响力。提高对人才的吸引力需要企业做到：

一是培育良好的行业口碑。企业要注重与上下游企业的沟通交流，畅通合作渠道，践行社会信用、诚信体系，维护好员工权益，确保拥有良好的行业口碑。

二是打造行业核心竞争力。企业要谋求快速发展，必须培养核心竞争优势，注重工作创新，做到专精特新，减少规模劣势，努力发展成行业的“小巨人”，这样的发展潜力才能吸引更多有识之士前来共谋发展大计。

三是打造人才吸引力。虽然部分企业在规模上不占优势，但是可以在效益、质量、创新等方面先人一步，通过为人才提供更好的职业发展前景、更具竞争力的薪资待遇、更多成长机会等，来提高对人才的综合吸引力，为人才培养夯实基础。

第二章 企业文化导向的知识型人才培养模式构建

第一节 知识型人才与企业文化的相关理论

一、知识型人才的定义、特征及能力划分层次

（一）知识型人才的定义

知识型人才的研究始于国外，彼得·德鲁克在其著作《明日的里程碑》（*Landmarks of Tomorrow*）中首次提出了这个概念。他指出知识型人才是指那些掌握和运用符号和概念，利用知识和信息工作的人。加拿大著名学者弗朗西斯·赫瑞比（Frances Horibe）认为，知识型人才就是那些创造财富时用脑多于用手的人们，他们通过自己的创意、分析、判断、设计给产品带来附加价值。全球最大的上市咨询公司——埃森哲提出，知识型人才主要包括专业人士、具有深度专业技能的辅助性专业人员和中高级经理。国内学者王兴成、卢继传和徐耀宗在《知识经济》一书中写道，从知识资本理论和人力资本理论来看，知识型人才是指从事生产、创造、扩展和应用知识的活动，为企业（或组织）带来知识资本增值，并以此为职业的人。史振磊博士则认为，知识型人才是创造知识、使用知识的企业员工，他们以智慧、知识来增加产品的附加价值；用肢

体来生产或推销产品的劳动者不属于知识型人才。张向前认为，知识型人才是指在一个组织中用智慧所创造的价值高于其用手所创造的价值的员工。还有人认为，知识型人才指的是那些受过较高层次的教育，以一定的专业知识为依托，有着广博的知识面，具有运用信息和知识解决影响科技、经济、社会发展的一些复杂问题的能力的人们，其中最具有代表性的有工程师、教授、医生等。

尽管专家学者们对知识型人才的阐释不尽相同，但是我们可以从中看出，具有较强的知识创新能力是知识型人才最主要的共同点，同时知识型人才的工作是一种思维性活动，知识的更新和发展往往随环境的变化而变化，具有很强的灵活性。笔者认为，知识型人才是指那些具有良好的教育背景，从事生产、创造、扩展和应用知识的活动，能为企业带来知识资本增值，并追求自主化、个性化、多样化的群体。

（二）知识型人才的特征

知识型人才与一般人才有很大的区别，他们作为一类特殊的群体，具有鲜明的特点。

1.知识型人才的个体特征

（1）身份的双重性

知识型人才首先是劳动者，其“人性”的一面与普通员工没有本质的区别，但同时知识型人才拥有知识资本，这是其“资本性”的一面。

（2）高独立性

在知识经济条件下，知识型人才了解其对企业的价值，可以自由地选择企业，而且可以创建自己的公司。他们对组织的依赖程度低于普通员工，往往忠诚于自己的专业而不是企业。此外，知识型人才从事的是创造性的活动，这一职业特点也造就了他们追求真理、相信科学的独立精神，他们不会随波逐流、人云亦云。

（3）蔑视权威

知识型人才具有强烈的蔑视权威意识。职位并不是决定权力的唯一因素，知识型人才不仅富于才智、精通专业，而且大多个性突出，往往可以对公司、同僚和下属产生影响。他们尊重知识、崇尚真理、信奉科学，可以凭借自己的知识和能力，独立于特定结构之外，并获得自己的价值和地位。

2.知识型人才的工作特征

（1）工作过程难以监控

通常情况下，知识型人才的工作主要是思维活动，依靠大脑而非肌肉，劳动过程往往是无形的、非程序性的，可能发生在每时每刻和任何场所。同时，在完成工作的过程中，他们可能需要其他员工的协助和支持，工作质量也可能受到其他部门工作的影响而很难准确地度量。所以，对知识型人才劳动过程的监督既没有意义，也不可能实现。

（2）劳动成果难以衡量

知识型人才的劳动成果是很难衡量的，它们常常以思想、创意、技术发明等形式出现，只能根据这些成果运用过程中产生的影响估计其价值。另外，知识型人才通常组成工作团队，劳动成果多是团队智慧和努力的结晶，因此个人的劳动成果就更难确定了。

3.知识型人才的流动性特征

（1）流动频繁

知识型人才深知专业能力对他们未来职业生涯的影响，他们看重事业而不是工作，不希望终身在一个组织中，因此知识型人才流动频繁。根据哈佛企业管理顾问组织的离职原因调查："想尝试新工作以培养其他方面的特长"被列于知识型人才离职的众多原因之首。知识陈旧周期的缩短，促进了知识型人才的流动。他们一旦觉得在现在的岗位上无法获得充分的成长和发展，就会很容易转向其他组织，寻求更广阔的发展空间，而且他们有能力接受新工作、新任务的挑战。所以，知识型人才的流动率远远高于普通员工。

（2）流动方式多样

知识型人才的流动方式多样，例如：①考任制，公开招考，用人单位自由选择人才，人才也可凭借实力自由选择用人单位；②兼职制，这种方式强调知识型人才的智力流动；③交流制，指企业与大学进行合作研究，使理论和实际应用相结合；④优惠制，指为促进知识型人才向西部及边远地区流动，采取优惠政策；⑤轮换制，指岗位轮换或工作地点轮换。

（3）流动失衡

由于世界经济发展的不平衡，发达国家的科研条件、生活条件都比发展中国家优越，这就造成了发展中国家的人才流向发达国家。类似地，在国内，人才流动也严重失衡，大量人才从边远、贫困地区向发达地区流动，如我国西部、西北部地区的知识型人才向东南部地区流动。

（三）知识型人才的能力划分层次

笔者根据相关理论的分析，将知识型人才的能力划分为三个层次，如图 2-1 所示。

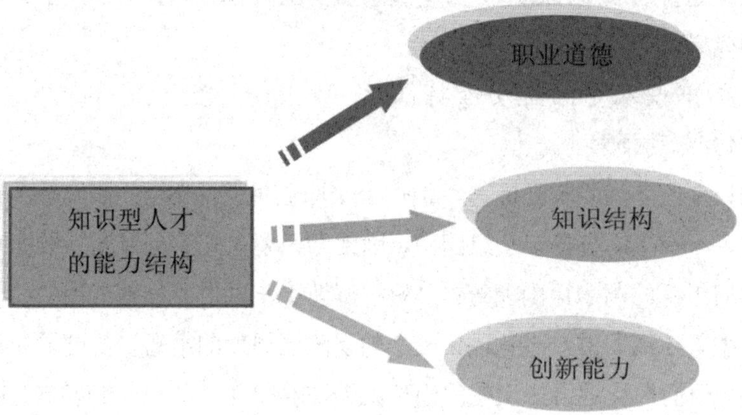

图 2-1　知识型人才的能力划分层次

二、企业文化的定义、结构及作用

（一）企业文化的定义

1.国外研究者对企业文化的定义

哈佛大学著名管理学教授特雷斯·迪尔（Terrence Deal）和麦肯锡咨询公司的资深专家阿伦·肯尼迪（Allan Kennedy）合著的《企业文化——现代企业的精神支柱》一书提出：企业文化是由五个因素组成的系统，其中，价值观、英雄人物、习俗仪式和文化网络是它的四个必要因素，而企业环境则是对企业文化形成影响最大的因素。这本书的问世，标志着企业文化形成了系统的管理理论。

《Z理论：美国企业界怎样迎接日本的挑战》的作者——加利福尼亚大学教授威廉·大内（William Ouchi）认为，企业宗旨是企业文化的重要组成部分，是企业价值观的体现。它是使雇员对企业目标有共同理解，从而产生统一行动的手段，它能够代表企业的形象。

《企业文化与经营业绩》一书的作者约翰·科特（John Kotter）和詹姆斯·赫斯克特（James Heskett）认为，在较深层次的不易觉察的层面，文化代表着基本的价值观念；而在较易觉察的层面，文化体现了企业的经营风格。企业文化是指一个企业中各个部门，至少是企业高层管理者们所共同拥有的企业价值观念。

托马斯·彼得斯（Thomas·Peters）和小罗伯特·沃特曼（Robert·Waterman）合著的《成功之路》一书详细地阐明了卓越的企业所具有的八种文化品质。他们认为，企业文化是指一个企业共有的价值观与指导观念，是一种能使各个部分协调一致的传统。

2.国内研究者对企业文化的定义

国内研究者对企业文化也做了多方面的阐述，提出了不同的看法。这里简要介绍以下几种：

韩灿岚认为，企业文化有广义和狭义两种概念，广义的企业文化是指企业所创造的具有自身特点的物质文化和精神文化，狭义的企业文化是指企业所形成的具有自身个性的经营宗旨、价值观念和道德行为准则的总和。

管维立认为，企业文化是在一个企业中形成的某种文化观念和历史传统，它能将各种内部力量统一于共同的指导思想和经营哲学之下，汇聚到一个共同的方向。

潘肖妞、苏勇认为，企业文化是在一定的社会历史条件下，企业生产经营和管理活动中所创造的具有本企业特色的精神财富和物质形态。它包括文化观念、价值观念、企业精神、道德规范、行为准则、历史传统、企业制度、文化环境、企业产品等，其中价值观念是企业文化的核心。

刘光明认为，企业文化是一种在从事经济活动的组织中形成的组织文化。它所包含的价值观念、行为准则等意识形态和物质形态均为该组织成员所共同认可。广义的企业文化是指企业物质文化、行为文化、制度文化、精神文化的总和，狭义的企业文化是指以企业的价值观念为核心的企业意识形态。

许宏认为，企业文化是经济意义和文化意义的混合，即指在企业界形成的价值观念、行为准则在人群中和社会上产生的文化影响。它不是指知识修养，而是指人对知识的态度；不是利润，而是对利润的心理；不是人际关系，而是人际关系所体现的为人处世的哲学。企业文化是一种渗透在企业一切活动之中的东西，它是企业的美德所在。

笔者认为，企业文化是在企业长期的生产和发展过程中形成的，被广大员工认可的企业价值观念体系，主要包括企业愿景、企业目标、价值观念、企业精神、社会责任等。

（二）企业文化的结构

企业文化的结构也就是企业文化的基本内容，其划分的方式多种多样，如有形文化和无形文化、外显文化和内隐文化、物质文化和精神文化等，无论哪种划分都有各自的合理性，不同的说法之间没有本质的区别。笔者在这里将企业文化分为四个层次，其中精神文化位于核心层，制度文化位于中层，行为文化位于浅层，物质文化则位于表层，如图 2-2 所示。

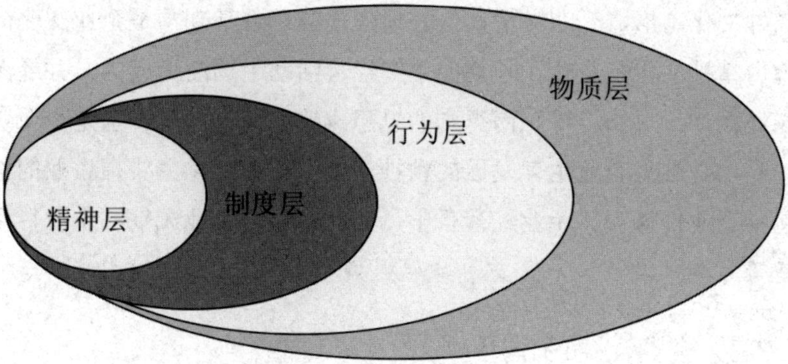

图 2-2　企业文化的结构

1.企业文化的物质表现形式

企业文化在物质层表现为企业创造的产品和各种物质设施等构成的文化，是一种以物质形态为主要研究对象的表层文化。企业生产的产品和提供的服务是企业生产经营的成果，是企业文化的物质表现形式。除了产品和服务，企业文化的物质表现形式还包括企业的生产经营环境、广告等。企业物质文化的特点是以物质为载体，物质文化是它的外部表现形式。

2.企业文化的行为表现形式

企业文化在行为层的表现分为企业作为一个实体的行为和企业中人员的行为。企业作为一个实体的行为是企业中人员行为的综合体现。企业中人员的行为包括企业家的行为、企业模范人物的行为、企业员工的行为等。

3.企业文化的制度表现形式

制度文化是由企业的法律形态、组织形态和管理形态构成的外显文化，它把企业文化中的物质文化和精神文化有机地结合成了一个整体。企业制度文化一般包括企业法规、企业章程、企业的经营制度和企业的管理制度，是企业为了实现自身目标而对员工的行为予以一定限制的文化。它具有共性、他律性和强制性，是一种约束企业和员工行为的规范性文化，能使企业在复杂多变、竞争激烈的经济环境中保持良好的状态，从而实现企业目标。

4.企业文化的精神表现形式

精神文化是形成企业文化其他表现形式的思想基础，是企业文化的核心和灵魂。精神文化是企业在长期的生产经营活动中逐渐形成的，并经企业家有意识地概括、总结、提炼而得到的思想成果和精神力量，它是企业优良传统的结晶，是维系企业生存发展的精神支柱。精神文化主要指企业的价值观念，包括企业价值观、企业经营哲学、企业精神、企业风气、企业目标和企业宗旨等。

（三）企业文化的作用

1.企业文化是实现企业战略目标的指导思想

企业的战略决定了企业发展的长期目标和方向，企业在制定自身发展战略时，要考虑企业内外部的环境因素。这些环境因素具体包括：企业的优势和劣势、企业所经营产业的机遇和挑战、社会环境（政府政策、法律法规、人口、地理位置、风俗习惯等）、企业的价值理念等。其中，前三个影响因素是由客观条件决定的，企业在制定战略的过程中无法改变，只能进行分析和研究。而最后一个因素是企业文化的体现，企业在进行战略选择时，必须以企业文化为指导思想。

2.企业文化保证了企业的长期生存和发展

企业文化是企业长期生存和发展的有力保证。企业文化建设的根本目的，就是用文化力激活生产力，增强凝聚力、执行力和创造力，进而提升企业核心竞争力。一个成功的企业，必须致力于企业文化的建设，必须千方百计地提高企业的核心竞争力，如此才能在激烈的市场竞争中占有一席之地，才能实现全面、快速、可持续的发展。

3.企业文化能提升企业的形象

企业文化作为企业品牌形象的重要组成部分，对于提升企业的知名度和美誉度具有至关重要的作用。优秀的企业文化不仅能够彰显企业的特色和优势，还能够激发员工的归属感和自豪感，使其为企业创造更多的价值。企业文化的传播和推广是企业品牌形象建设的关键环节。通过有效的传播和推广，企业能够将自己的价值观、使命和愿景传递给更多的客户和合作伙伴，从而树立起良好的企业形象。同时，企业文化的传播和推广还能够提高企业的市场竞争力，使企业在激烈的市场竞争中脱颖而出。

第二节　我国知识型人才的现状分析

随着时代的发展，我国企业知识型人才的比例逐步提高，企业管理者也逐渐意识到知识型人才的管理与一般员工管理的差异性。对于我国知识型人才的管理现状，笔者主要从以下两个方面进行探讨：

一、知识型人才的激励管理现状

随着经济的发展，我国企业知识型人才的比例逐步提高，知识型人才对企业的作用也越来越被企业管理者重视。尽管近年来我国企业已经接受了许多西方的管理观念，实施了很多激励员工的方法，但是企业在激励机制上仍存在许多问题，这在一定程度上制约了企业的发展。

（一）忽略了知识型人才的特殊性

通过前文的分析，我们知道知识型人才的个体特征、工作特征等与普通员工有很大的区别，这种特殊性必然要求企业管理者对知识型人才采用不同的激励方式。但是，我国大多数企业并没有注意到知识型人才与普通员工的区别，仍然采用传统的激励方法，导致大批知识型人才得不到真正的激励，其潜能得不到有效的挖掘，甚至有些知识型人才因此对企业不满而变成企业的“负资源”。

（二）激励体系不完善

我国企业激励体系不完善主要是指对企业内所有员工都采用一种激励机制，也就是说以相同的激励措施对待所有的员工。一方面，企业中不同职位员工的工作内容是不同的，评价他们工作业绩的指标和方法也应是不一样的；另一方面，不同的员工在不同的岗位和不同的时期有不同的需求，单一的激励机制并不能引起大多数员工的关注。因此，企业管理者要深入地了解知识型人才的个性、愿望和欲望，针对不同的员工采用不同的激励方式。

（三）没有发挥企业文化的作用

百年的企业靠文化，像可口可乐、通用等世界知名企业，它们能够持续发展下去的原因是它们拥有优秀的企业文化。现代企业文化注重人本管理，强调以人为中心。但是，很多企业的所有者把知识型人才与企业之间的关系简单地视为一种劳资关系，一切以自我利益最大化为中心。甚至有部分企业推行“家长制”，将员工仅视为企业中的资源，在企业内部一切都是企业所有者说了算，员工参与比较困难。在这种情况下，企业采取的任何激励措施都是无用的。

二、知识型人才的投资管理现状

所谓投资，是指将一定的资金或资源投入某项事业，以期未来能获得收益或效益的活动。知识型人才形成的途径就是知识型人才投资。知识型人才投资是指单位或个人为了一定的目的，通过对人力资源的资本投入，以增加利益产出的活动，包括丰富人力资源的知识，提高人力资源的技能，增强人力资源的体力（或体质），提升人力资源的思想道德水平，增强人力资源适应经济发展、社会进步的能力等投入行为。

（一）知识型人才投资的主体

知识型人才投资主要有三大主体：国家、企业、个人。三大投资主体对知识型人才投资的目的、手段是不尽相同的。国家是我国知识型人才投资的最主要投资者，在人力资源的许多领域起着主导作用，其目的是提高整体国民素质，以社会需要、国家需要、民族需要为原则；企业是人力资源在就业阶段最大也是最重要的投资者，其投资行为持续时间长，主要目的是营利，以利润最大化为投资原则；个人是最基本的投资者，投资的目的是提高自己的素质，以收益最大化为投资原则。

（二）知识型人才投资的形式

与物质资源投资的形式相比，知识型人才投资的形式更多，主要有：教育投资、培训投资、医疗保健投资、道德投资、科研开发投资等。

（三）知识型人才投资的风险

知识型人才投资的风险是指在知识型人才投资过程中，由于一系列因素的影响，预期投资收益与实际投资收益可能存在一定的差距，或者说投资收益具有不确定性。影响因素主要包括：国家政治活动的不确定性引起的风险、疾病或突发事件使被投资者死亡或丧失劳动力的风险、投资对象选择不合适而使投资无法回收的风险、投资对象的主观行为使投资者遭受损失的风险等。

（四）我国知识型人才投资存在的问题

1.投资力度不足

由于人力资源管理观念落后，我国诸多企业对人力资源的作用缺乏正确的认识，只重视使用而忽视开发，对知识型人才开发的投入普遍偏低。

2.投资效益不理想

虽然绝大多数企业能认识到培训对提升企业核心竞争力的重要性，但是仍然还有许多企业在进行知识型人才培养投资的时候没有明确的目标，具有盲目性。这主要表现在两个方面：一是这些企业目光短浅，对知识型人才的培训只是站在企业员工的角度，只是为了提高员工的素质和技能；二是这些企业只是模糊地认识到要加强知识型人才的培养，虽然投入了大量资金，但没有一个清晰的目标，不清楚投资对企业有什么样的作用。盲目的知识型人才培养投资自然无法收获理想的效益。

第三节　企业文化与知识型人才的关系

一、企业文化与知识型人才的内在联系

（一）人是两者的结合点

人力资源管理是指采用现代化的科学方法，对人的思想、心理、行为进行有效的管理（包括对个体和群体的思想、心理、行为的协调控制与管理），充分发挥人的潜能，使人尽其才、人事相宜，以实现企业目标。企业文化的实质是以人为中心，以文化引导为手段，以激发职工的自觉行为为目的的一种企业经营管理思想。企业文化的根本任务是重视人、相信人、理解人、发动人、引导人、教育人、培养人和塑造人，把人看成生产管理的中心，看成企业最重要的资源。知识型人才培养的主体和客体也都是人。知识型人才培养就是以有形或无形的制度去引导、激励、约束员工，使员工不断丰富自己的知识、提高自身的素质，最终实现企业利润的增加。由此可见，企业文化建设和知识型人才培养都与人力资源管理有一定的联系。

（二）企业文化建设与知识型人才培养的目的具有一致性

面对残酷的市场竞争，企业只有不断加强知识型人才的培养，采取措施留住知识型人才，才能脱颖而出。对知识型人才进行培养的目的就是使其发挥作用，推动企业不断发展壮大。企业文化建设则强调心灵的共鸣和情感的汇集，要求企业尊重员工、重视员工，给员工创造平等而和谐的环境，使员工对企业产生强烈的责任感，从而把自己当作企业的主人翁，毫无保留地发挥他们的才

能，不断提升企业的竞争力。由此可见，企业文化建设和知识型人才培养的目的具有一致性。

（三）企业文化是知识型人才培养的指导思想

人是活跃的因素，会受到文化的影响。不同的企业有不同的文化，对员工的影响也各不相同。企业文化就是人力资源管理的条件和环境，只有基于企业文化这个软环境对知识型人才进行培养，才能为企业带来更多的收益。不去研究适应人力资源管理的条件和环境，忽略企业文化，盲目地进行知识型人才的培养，会给企业带来时间、物质、资金等方面的浪费。因此，培养知识型人才需要以企业文化为指导思想。

二、企业文化对知识型人才培养的促进作用

企业文化是企业全体员工衷心认同的企业核心价值观念，能够影响员工的基本思维模式，规范员工的行为。它在企业中不是孤立存在的，会渗透到企业运作的各个环节中。那么，企业文化这种看不见、摸不着的意识形态在知识型人才的培养中究竟发挥着怎样的作用呢？

（一）企业文化的导向功能对知识型人才培养的促进作用

企业以自己的价值观和崇高目标指引企业管理者和员工向企业生产和经营的既定目标努力奋进，这种引导作用对大多数员工而言是潜移默化的。强有力的企业文化是企业的有力工具，可以将员工个人的目标与企业的目标相统一，引导员工自觉地学习，努力向知识型人才转变。另外，企业文化集中反映了员工的共同价值观，因而它对任何一个员工都有一种无形的强大感召力，能把员工引导到企业既定的目标方向上来，使员工和企业一起成长和进步，为实现企业目标而努力奋斗。

（二）企业文化的约束功能对知识型人才培养的促进作用

企业文化对员工的思想、心理和行为具有约束和规范作用。企业文化是一种约定俗成的东西，是一个企业所有员工必须遵守的行为规范、思想道德准则。员工会自觉服从于企业文化，并对自己的行为进行控制。在企业文化无形的约束下，员工会根据企业发展的需要不断提升个人能力，使自己成为企业发展所需要的知识型人才，以推动企业的进步。

（三）企业文化的激励功能对知识型人才培养的促进作用

优秀的企业文化是企业成长的动力源，它创造了企业的活力，也激发了员工的工作热情，使他们的工作积极性和潜能得到最大限度的发挥。企业文化的激励功能来自企业文化本身的精神力量。企业文化通过以人为中心的软性管理，强调尊重人、相信人，发挥非计划、非理性的感性因素在企业管理中的作用，最大限度地开发人的潜能。员工在良好企业文化的影响下，能真正发挥自己的作用，热爱自己的工作和企业。一位心理学家这样描述激励的作用："人在无激励的状态下，只能发挥自身能力的 10%～30%；在物质激励状态下，能发挥自身能力的 50%～80%；在得到适当的精神激励的状态下，能发挥自身能力的 80%～100%，甚至超过 100%。"因此，企业文化的激励功能对知识型人才的培养具有促进作用，知识型人才的培养应该利用企业文化的激励功能。

（四）企业文化的凝聚功能对知识型人才培养的促进作用

企业文化是一种"强力黏合剂"，通过与员工微妙的心理沟通，让员工树立起以企业为中心的目标追求和价值观念，从而使员工对企业产生认同感、归属感、使命感、自豪感，把自己的理想和追求融入企业发展中。同时，在企业的生产经营过程中，企业文化的凝聚功能使企业和员工之间形成了相互依赖的关系，为了企业的发展，员工会不断努力，追求个人的进步。对于知识型人才来说也是如此。由此可见，企业文化的凝聚功能对知识型人才的培养具有促进作用。

综上所述，企业文化的功能是巨大的，它对知识型人才的培养起着决定性的作用。

第四节　构建企业文化导向的知识型人才培养模式

一、企业文化导向的知识型人才培养模式的特点

（一）指导思想清晰

近年来，随着科学技术的不断发展，知识总量呈几何级数增长，知识的结构和内容不断推陈出新。知识的不断更新，使得企业的持续运行和发展受到严峻的挑战。在我国经济发展的过程中，一些企业之所以能够成功，一个很重要的原因就是这些企业有清晰的指导思想，非常重视知识型人才的培养与企业文化的建设。例如，联想集团的企业文化包括：讲贡献、讲效益的价值观，跻身于国际市场的共同理想；同舟共济、协同作战的整体意识；求实进取、拼搏创业的公司精神；高技术企业的社会形象。联想集团的这种企业文化为企业的发展壮大奠定了坚实的基础。成功企业的经验表明：培训和学习是企业强化“内功”和发展的主要原动力。只有有目的、有组织、有计划地培养企业每一位员工的学习能力和知识更新能力，不断调整整个企业人才的知识结构，才能在竞争激烈的 21 世纪生存下去。

（二）学习氛围良好

企业在健康的运作过程中，在发挥企业文化作用的基础上，权力影响力在很大程度上是失效的，人们之间的等级观念往往被淡化和模糊了。人与人之间感情的建立是靠理解和尊重，靠对真理的崇尚，靠心灵的互动。员工在日常的工作中相互帮助、相互学习、相互促进、相互鼓励，如同一家人。试想一个部门的员工经常在一起交流，分享工作经验，探讨先进的工作方法，每个人都把自己所积累的经验毫无保留地告知对方，在这样的交流过程中，每个员工都在相互学习自己还未掌握的知识、自己所不具备的技能。久而久之，他们都会得到进步。通过这种基于良好企业文化的交流和沟通，员工在不断充实自身专业知识的同时，也掌握了许多工作技巧。可以说，这也是一种没有组织、没有花费的知识型人才的培养方式。

（三）培训方式多样

在现代企业中，制度化的管理需要有专门的部门、员工和既定的程序，由于具有强制性和权威性，实施起来能立即生效。但是，又由于其制度化和权威性的特点，管理者只能按照条文办事，不能随着客观形势的变化而变化，缺乏灵活性。知识型人才的培养也是如此。首先要根据企业的发展，明确企业需要什么样的人才，然后要确定采取什么样的培训方式，以及培训的时间、人数等。完成这些步骤需要消耗大量的时间成本、物质成本等，而且培训的最终结果不一定理想。企业文化导向的知识型人才的培养则与此不同，它可以在任何时间、任何场合，通过任何组织和个人，以各种方式进行。受过良好企业文化熏陶的员工，他们会自觉地利用休息日、假期等空闲时间到培训机构、高校、研究所等接受培训。

（四）以人为本

以企业文化为导向的知识型人才培养模式作为一种新的管理模式有其特殊的要求：以人为本。众所周知，技术虽然重要，但要靠人去驾驭；效益固然重要，但要靠人去创造。企业生产经营活动中的人、财、物等要素的管理，是一个完整的有机结合的系统，其中人处于管理的中心和主导地位，是企业一切活动的中心，是企业生存发展的根本所在。企业的发展依赖于人的发展，同时员工的能力要能满足企业的要求。在企业发展的初期，由于企业规模较小、业务不多，员工具备企业运行所需的能力。但随着企业的不断扩大，企业业务涉及的领域不断增多，员工推动企业发展的作用逐渐减弱，甚至有碍企业的发展。当出现这种情况的时候，企业就要对员工进行培训，提升他们的素质和能力，以满足企业发展的需要。

（五）整合效应明显

个人的力量是渺小的，集体的力量是巨大的。对于任何一个企业，不仅各种管理制度之间及其现有的决策规则和组织惯例之间存在着密切的互动关系，每种管理方法也与企业的相关因素，如顾客、供应商、竞争对手、政府的法律法规和资本市场等存在着密切的互动关系。正是这些关系，在各种管理方法之间创造出了巨大的协同效应，并产生了意想不到的积极效果。因此，以企业文化为导向的知识型人才培养模式也追求“1＋1＞2”的整合功效。它以文化为基础动力，以人为核心因素，根据企业的发展战略，对市场竞争环境进行深刻分析，结合本企业的特色来对员工进行培训，并使各种资源有机地结合在一起，发挥整体优势。

二、基于企业文化的知识型人才培养的原则

（一）注重人文关怀的原则

本书探讨的知识型人才的培养是以企业文化为基础的。关心员工、爱护员工，体现“仁者爱人”的中国传统文化精神，是企业文化的重要内容。而且，人力资源是企业的核心，是企业最重要的资源，是其他一切资源的创造者和使用者。解决好了人力资源的问题，企业才能够不断地发展壮大，社会才能进步。因此，在知识型人才的培养过程中要强调人文关怀，企业管理者要关心员工、爱护员工。只有这样，员工才能在企业中感受到家的温暖，才能为企业的发展不断奉献自己的力量。

（二）企业群体期望的原则

人总是渴求满足一定的需要并设法达到一定的目标，当这个目标尚未实现时，就会有所期望。企业群体期望是指企业根据自己的文化特点和所处的行业对员工提出的要求，即希望员工成为什么样的人，在企业中担当什么样的角色，具备什么样的世界观和价值观等。每个员工都生活在特定的企业文化中，他们的思维方式、价值标准和价值原则不可能不受企业文化的影响，很难摆脱被大多数员工认可的普遍价值观念的束缚。虽然企业员工有时受其他因素的影响会或多或少表现出背离企业文化模式的倾向，但作为该企业的成员，他的价值取向总要受本企业文化模式及价值体系的制约。企业存在的目的就是为社会创造财富、为股东创造利润。因此，企业总是希望员工能够按照企业文化的要求去完成工作任务，并形成统一的行动。

（三）注重员工自我价值实现的原则

企业的一切管理活动都是围绕选人、用人、培养人、激励人、留住人而展开的。为了实现知识型人才培养的目标，企业会采取一系列措施。企业往往会通过引导、灌输、协调、制定行为准则等方式，促使员工最大限度地发挥自己的潜力，最大化地为企业创造利益。但不容忽视的是，员工也要实现自己的人生价值。因此，企业应关注每个员工的发展，强调每个员工都是企业的主人。企业应实行全员参与管理，让员工享受应有的权利，方便地获得自己需要的信息和知识，从而帮助员工实现自我价值。

（四）强调个性化的原则

由于各个企业的形成和发展的过程不同，所属行业的性质、任务不同，企业的规模、技术特点不同，人员构成和素质不同，所处地理环境和社会风俗不同，在国民经济中的地位和承担的社会义务不同，因此它们的企业文化也不相同。不同类型的企业，其企业文化既有共性，又有个性。在此基础上的知识型人才的培养模式也应该遵循个性化。知识型人才的培养不是专门为了培养人才而培养，而是要根据本企业岗位的要求、本企业发展的需要进行。不能为了追赶时髦，或者看到其他企业在进行知识型人才的培养就盲目跟风。企业知识型人才的培养一定要有特点，要根据企业的现状、目标，有组织、有计划、有目的地进行。

三、企业文化导向的知识型人才培养模式的提出

在企业人力资源管理中，管理的对象是人，人是有感情、有思想的，感情、思想会直接影响行为。因此，人的行为比较复杂。而制度化管理不可能涵盖行为的各个方面，规章制度在范围与程度上都有一定的限制。除了规章制度，管

理还会以风俗、习惯、传统、舆论、心理、伦理等形式出现。这种形式的管理作用于人的内心，直接影响人的精神世界，因而它对人的作用更加深刻。企业文化是一种软管理，企业的各种规章制度是一种硬管理，企业的管理艺术就是在软管理和硬管理之间找到平衡点，达到最大限度的统一管理。在知识经济时代，为了能够在竞争激烈的环境中求得生存和发展，企业必须具有高于其竞争对手的创新能力和学习能力。要想具有这一优势，企业就要重视知识型人才的培养，构建企业文化导向的知识型人才的培养模式，如图 2-3 所示。

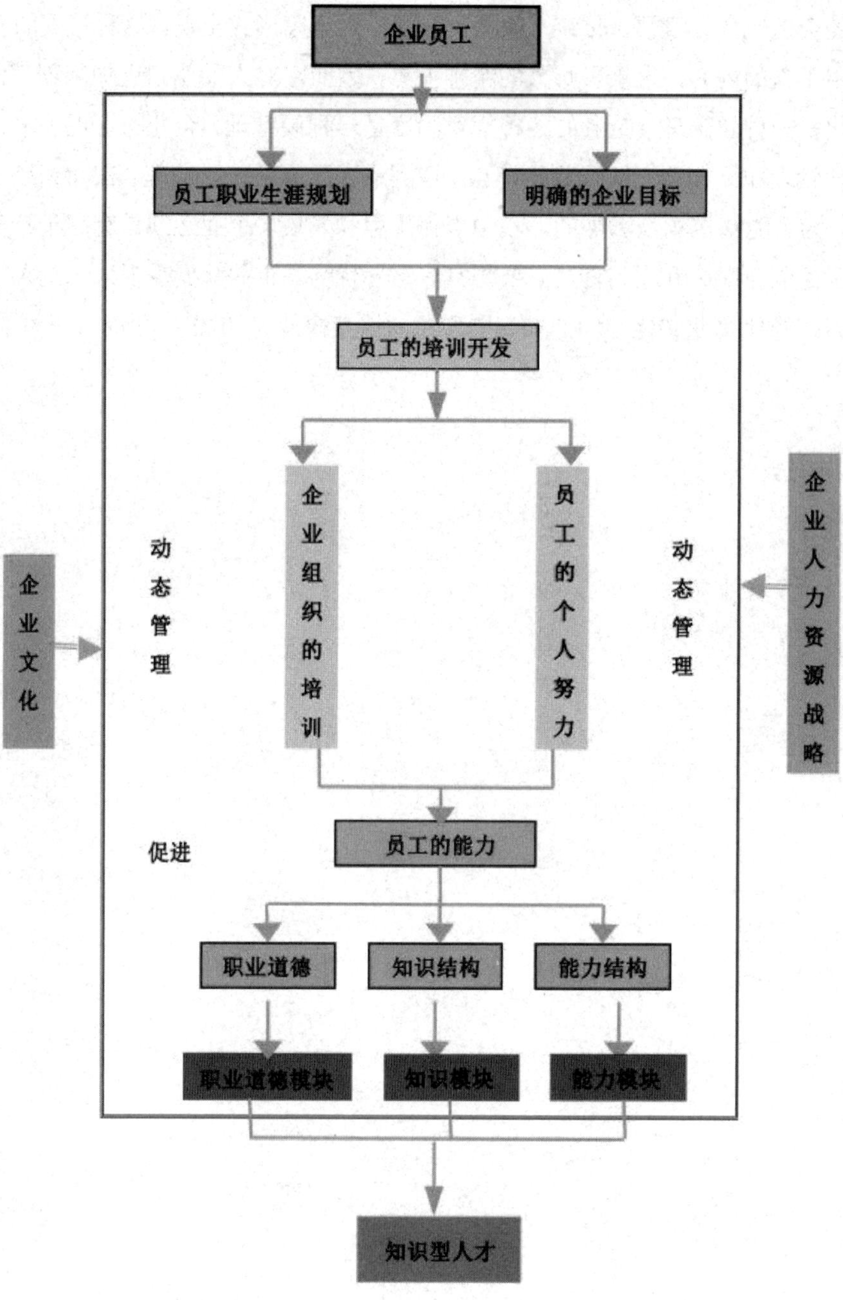

图 2-3　企业文化导向的知识型人才培养模式

四、基于企业文化的知识型人才培养模式的内容

（一）以学习型企业文化促进知识型人才的培养

美国学者彼得·圣吉（Peter Senge）在其著作——《第五项修炼——学习型组织的艺术与实务》中，系统地提出了学习型组织理论。他明确指出，企业主管的主要任务不在于怎样管理好物质资源，而在于怎样调动人的积极性，发挥人的创造力。这就要求企业文化能够激发出每个员工学习、进取的热情，使每个员工都成为学习者，从而使企业成为学习型组织。根据学习型组织理论，企业管理者应当学会引导员工认识学习的重要性，使员工克服学习障碍、建立共同愿景，激励员工不断学习，从而实现自我超越。另外，企业管理者还要以优秀的企业文化为指导，培养员工共同的价值观念，使其以此为行动指南，为实现企业的目标而不断地学习。

（二）以信任型企业文化促进知识型人才的培养

商鞅变法之初，发觉秦国人对政府法令总是阳奉阴违，于是在城门外放了一根木头，贴出告示：凡能将此木头搬至另一指定地点者重赏。百姓对如此轻的功劳却有如此重大的奖赏多表不信，所以没人敢出头，直到一个莽夫受不住利诱而搬动木头，商鞅也依令给予重赏，秦国人这才相信政府令出必行，商鞅也因此顺利推动变法。这是一段我们都很熟悉的历史，商鞅深谙“民无信不立”的道理，所以改革之前先建立民众对政府令出必行的信任，最终获得了成功。治国，民无信不立，对于企业来说也是如此，员工不信则无以管理。因此，企业要营造一个充满信任的环境，使员工互相信任，在团队合作中互相配合。没有互相信任的员工，就不会有配合默契的工作团队。因此，要以信任型企业文化来促进知识型人才的培养。

（三）以创新型企业文化促进知识型人才的培养

企业的创新包括技术的创新、管理的创新、制度的创新、运营的创新和文化的创新等。创新的主宰和承载者是人，确切地说是拥有较高科学文化素质的人才，没有人才就没有创新。当今市场环境和技术发展情况使得企业不创新即倒退、不创新即死亡。激发员工的创新意识、创新激情是基于企业文化的知识型人才培养模式的重要内容。企业要在企业文化的各个层面，特别是企业文化的精神层面上下功夫。企业精神作为企业的核心部分，对于企业的创新活动，对于激发员工创新的积极性，都具有重要的意义。

（四）以自主型企业文化促进知识型人才的培养

如何让员工最大限度地发挥潜能和提高积极性，是目前管理学家和企业管理者一直在思考的问题。日本著名企业家松下幸之助认为，人是万物之王，是伟大而崇高的存在。人能够自主地担负起使一切事物发挥作用的责任。根据对人的正确看法来看企业，就要认识到：企业的经营是要靠人来承担的，正确的经营理念必须立足于对人正确的看法上。在自主型企业文化中，每个人都可以成为自主的管理者，管理者很少去监督员工的工作，也很少独自做出关键的决策；他们给予下属充分的空间，鼓励下属独立完成业务计划，并赋予他们充分的决策权；他们尊重员工的人格、信仰、观念、意愿，关心员工的发展与提高，充分发挥每个员工的积极性，为提高自身素质而不断学习。

五、基于企业文化的知识型人才培养的措施

（一）建立共同愿景

企业愿景是企业的一种理想，是企业战略要达到的某些目标。企业愿景可以营造出一种散布于整个组织中的气氛，使每个成员的行动同步，使他们共同

努力达到目标。在建立共同愿景之前，企业要鼓励员工发展个人愿景。然后让员工分享个人愿景，并在此基础上建立共同的愿景。这样做一方面能将全体员工紧密地结合起来，让他们为实现共同理想全心投入；另一方面能使员工通过真正的参与对企业产生归属感，这有利于他们与其他同事成为有良好默契的工作伙伴。

共同愿景的建立有利于员工从企业中找到一种家的感觉，形成强烈的认同感和归属感，从而全身心地投入到工作中，并乐在其中。共同愿景的建立也会促使员工把自己的知识转化为组织的知识，实现知识共享。因此，从员工入职的那一天起，企业就应该注意用企业的价值观、长远目标引导员工的行为。共同愿景能引导所有员工基于同一目标敞开心胸、积极向上，进而主动创造价值并实现理想。有了共同愿景，员工就会有希望、有梦想，工作更加积极，遇到挫折与困难不轻言放弃，持续地创新与突破。

（二）优化组织结构

企业发展情况和员工素质结构的不断变化，要求管理突破原有的思维模式和运作方式，不断进行创新。在以往的企业组织中，对员工的管理主要强调控制和服从。在传统组织理论下形成的“金字塔”式的组织结构，由于机构臃肿、层级过多、协调不畅，往往对信息的有效传递造成阻碍。而在知识经济时代，及时获取信息、科学地运用信息，已成为迈向成功的重要环节。网络技术的推广使员工在接受信息和学习知识的同时，不断提升参与管理的能力。管理者不再只是下达命令，而是要承担组织与学习的责任，建立让每一个成员都有机会施展才能的平台。管理模式将更加多元化、人性化和柔性化。为了适应时代要求，企业要优化组织结构，注重信息共享、共同参与和集体决策等。

（三）建立完善的激励机制

行为科学研究表明，任何激励策略如果作用于人的行为动力，就能发挥非常大的作用。知识型人才的培养首先就要建立并完善企业的激励机制，以最大限度地激发个体和团队的潜能，形成推动企业发展的强大动力。在计划经济体制下，“大锅饭”“铁饭碗”带来了诸多消极因素，不少人产生了依赖心理，滋长了惰性，工作被动、得过且过、不思进取。在知识经济时代，为适应市场经济的要求，保证企业能够持续不断地发展下去，人力资源管理的一项重要任务就是通过激励机制，吸引、开发和留住人才，激发员工的工作热情、想象力和创造力。为此，企业要建立健全的人才激励机制，形成规范的报酬激励、成就激励、机会激励等体系，并在企业内部营造和谐的竞争氛围，促使每个部门、每个员工都能不断地超越自我、提高素质。

（四）采用科学的绩效评估方法

绩效评估是按照一定的标准，采用科学的方法，检查和评定企业员工对职务所规定职责的履行程度，以确定其工作成绩的一种有效的管理方法。知识型人才从事创新活动将是一种常态，按传统的考核方式对知识型人才个人成就和业绩进行评估显然并不合适，因为一项技术或思想创新不是通过计件或计时来衡量的。所以，针对知识型人才建立新的考核制度，需要充分考虑知识型人才的特点。此外，要为知识型人才提供具有挑战性的任务，设立有挑战性的岗位，提供更多发明创造的空间，即以各种方式向知识型人才提供更多从事创造性工作的自由。针对他们的工作特点，可采用目标管理法、同行评价法、成果创新法等绩效管理方法。

在企业文化导向的知识型人才培养模式中，还强调对企业文化进行制度化安排。只有这样，才能对企业文化的内化程度和作用进行考核，不断从文化的层面对员工的行为和思想进行优化和约束。通过企业的绩效管理，可以使员工不断地在实践中接受企业文化的熏陶，在考核中找到自己与企业文化要求之间的差距，找到自己进一步提升的方向，最终成为具备高超工作技能和高度价值认同的企业文化人。

（五）建立系统的知识管理体系

知识型人才具有丰富的专业知识，但是这些专业知识仅为员工本人所拥有，并不是企业共享的资源，这就需要建立系统的知识管理体系。

建立知识管理体系的重点是对基于特定任务和特定岗位的专业知识的获取、解释及传播。这类专业知识具有针对性、相关性和时效性，对于企业成员而言，在本质上是隐性的。知识管理就是把隐性知识显性化。具体而言，就是通过各类知识管理项目、活动及系统的开发和运作，将基于特定任务的专业知识显性化及共享，使其得以有效地利用，从而形成一种知识共享的文化。

知识管理的过程大致可分为获取、分析、整理、使用、评价和更新六个阶段，每个阶段都需要企业管理制度和文化理念的支持。企业建立有效的知识管理体系，可以为营造学习型企业文化提供一个可操作的平台，以保障和促进集体学习、信息共享、合作解决问题以及创新的实现。

（六）发扬团队精神

团队是由两个或两个以上的人组成的共同体，该共同体合理利用每一个成员的知识和技能协同工作、解决问题，实现共同的目标。团队的目标必须和企业的目标一致。同时，要向大众传播团队目标，让团队内所有成员都知晓，并且分解为个人的目标。学习是企业生命的源泉，成功的企业一定是一个“学习团体”。只有比竞争者学得更快，才能保持企业的竞争优势。企业的每个成员都要学习，而且要变个人学习为团队学习，营造学习型企业文化。员工通过团队学习，可以掌握合作的方法，从而更好地完成团队的共同目标。企业的领导者要在企业内部营造一种开放坦诚的沟通氛围，使员工之间能充分沟通、相互学习，使员工善于接受其他员工的意见；并采取各种激励措施，增进员工的团结，使员工与企业产生一体感，从而共同完成企业的使命。

（七）为员工设计职业生涯规划

职业生涯是一个人一生所有与职业相连的行为与活动以及相关的态度、价值观、愿望等连续性经历的过程，也是一个人一生中职业、职位的变迁及职业目标的实现过程。简单地说，一个人职业发展的状态、过程及结果构成了他的职业生涯。一个人对其职业发展有一定的控制力，他可以利用所遇到的机会，从自己的职业生涯中最大限度地获得成功与满足。职业生涯规划是指将员工的个人发展和企业发展相结合，对决定员工职业生涯的主客观因素进行分析，并通过设计、规划、执行评估和反馈使每个员工的职业生涯目标与企业发展的战略目标相一致。企业不仅要为员工提供一份与其贡献相称的报酬，使其得到自己所创造的财富，而且要充分了解员工的个人需求和职业发展意愿，为其提供能够满足其要求的上升道路。员工只有清晰地看到自己在企业中的发展前景，才有动力为企业尽心尽力，贡献自己的力量，与企业结成长期合作、荣辱与共的伙伴关系。

（八）培养优秀的企业领导者

企业的领导者在企业中占据着重要的位置，他们不仅仅是企业发展的决策者，而且是企业文化、企业风气、企业行为的引领者，他们的行为将对企业产生举足轻重的作用。因此，对于知识型人才的培养，领导的带头表率作用就具有重要意义。

美国管理学家托马斯·彼得斯（Thomas Peters）和罗伯特·沃特曼（Robert Waterman）在《寻求优势》（*In Search of Excellence*）一书中指出：“一个真正的领导必须同时是两种截然不同的大师：他是思想的大师，善于把握高度抽象的思维逻辑；又是行动的大师，善于处理最精细的实际事物。”

在新形势下，企业的领导者要做到以下两点：一是要进行观念更新。要树立现代的领导观念，树立知识、智力等于财富的价值观念，树立人力资源至关重要的观念，树立正确的竞争观念等。二是要不断完善自己的知识体系。要有防患于未然的强烈意识，有勇于创新、敢于竞争的精神。

企业的领导者只有具备这些优良的品质，才会懂得知识型人才的重要性，才会更好地培养知识型人才，吸引和留住知识型人才。

第三章　校企合作背景下企业应用型人才培养机制构建

第一节　校企合作概述及其理论依据

一、校企合作概述

（一）校企合作的内涵

校企合作是指学校和企业双方基于长期生存和发展的共同需要，整合学校专业优势和企业生产优势，将双方的人才和技术、科研理论和生产经验有机结合，以培养出适合生产和管理的实用型人才为主要目标的合作办学模式。它充分体现了国家倡导的“教育与生产劳动相结合”的方针，具有以下特征：

一是合作主体的多样性。它可以是政府、学校、企业、行业、社会组织等多方主体的共同参与，每一主体在其中所发挥的职能各不相同，但又彼此联系、相互作用。

二是通过合作多方受益。学校通过校企合作解决了资源不足的问题、提高了教学质量、推动了学生就业，企业通过校企合作获得了自身所需的人才、提高了企业竞争力，政府通过校企合作提高了就业水平、缓解了社会压力等。

三是校企合作双方的资源共享性。校企合作将教育资源、教学资源、设备资源、技术资源、管理资源等有机统一到互动的模式之中。

（二）校企合作应用型人才培养的特点

校企合作是应用型人才培养的途径之一，是改革和创新人才培养模式的新实践。校企合作应用型人才的培养模式改变了传统以追求完整的学科体系为特点的课堂教学模式，确立了课堂教学、企业实践相结合的应用型人才培养格局。这种人才培养模式具有以下特点：

1.互补性

这种人才培养模式整合了学校和企业双方的优势资源，实现了优势互补、互惠双赢。一方面，学校可以利用院系的师资、教学资源为企业提供各种人才和服务，如紧缺专门人才的培养、生产和技术咨询服务、员工培训、企业发展战略制定等；另一方面，企业也可以利用自己的设备、场地、技术、人才和资金等优势为高校提供服务，如提供市场信息、专业咨询，参与学校专业课程设置和教材开发，共建实训基地，为学生提供实训岗位，选派实习指导教师，提供就业机会等。

2.低成本

企业发展需要大量的应用型人才，这种人才主要来源于大学毕业生。但是，目前绝大多数大学毕业生缺乏实践能力，不符合企业的经营需要。而市场上具备丰富工作经验的人才成本高，供应量又不足。通过校企合作培养出来的学生具有良好的职业素质，能直接满足企业的需求，直接转换成为有效的劳动生产力，节省了企业人才招聘和岗前培训的成本。同时，企业也可以利用学校的教育资源优势对员工进行培训，降低员工培训成本。校企合作不仅能让企业花很小的代价获得大量的实用人才，而且能提升企业的社会声誉，甚至获得政府的激励优惠政策。对于高校而言，与企业开展合作可以提高教学质量，全面提高学生的职业素质，提高毕业生的就业率。与此同时，也补充了学校师资方面的不足，提高了教师的实际能力，降低了教师的培训成本和学校实践基地的建设成本。

3.实效性

通过校企合作，能够帮助学校及时了解区域经济发展趋势、产业结构变化、行业岗位变化等各类信息，掌握企业对所需人才规格要求的变化；引导学校科学而准确地进行自身定位，有针对性地调整人才培养计划。通过有针对性的实践技能训练，学生可以熟练掌握实际工作岗位所要求的职业能力。与此同时，学生在与企业接触的过程中，受到企业理念、企业文化、企业管理的影响，能够增强责任意识、工作的积极性和主动性以及合作精神，从而提高整体素质，在走向工作岗位后能迅速而准确地进入各种专业角色。通过校企合作，学校能了解企业的技术和人才需求，缩小学校和企业对人才培养需求的差距，培养满足企业和社会需要的应用型人才。

（三）校企合作应用型人才培养的主要模式

1.共建实习基地

校内外实习基地是高等学校学生参加校内外实习和社会实践的重要场所。学校通过企业投入资金、捐赠设备、提供技术等形式建立校内生产性实训基地，或通过签订协议、挂牌等形式在企业内部建立稳定的见习实习基地。由企业和高校分别选派具有较高业务水平和丰富教育教学经验的专业人员指导学生实习。校内外实习基地的学习和锻炼，可以激发学生的学习兴趣，加深学生对基础知识的理解，提高学生的实践能力、创新能力，增强学生的社会责任感和服务意识。因此，学校和企业共建实习基地对应用型人才的培养具有重要意义。

实习基地的建设直接关系到实践教学的质量，因此得到了政府的认可和重视。以江西省为例，其近年来大力支持高校与政府机关、事业单位、企业、行业、科研院所、工业园区共建一批校外实习实训基地。同时，政府还安排奖励资金和实行税费优惠，为基地建设“买单”，对承担“江西省高校示范性实习实训基地”建设任务的企业给予扶持与奖励。对企业用于实习实训基地建设的直接支出和支付给实习学生的报酬，符合税法规定的，可予以抵税。

在各大高校积极与企业联系，推动实习基地建设的同时，一些企业也主动寻找学校谋求合作。例如，大连海昌旅游集团在 2011 年分别与东北林业大学、东北财经大学和大连海洋大学三所高校签下合作协议。通过在大连海昌旅游集团及其各经营公司建立三所高校的“教、科、研实习基地”、在高校内建立“海昌旅游集团人才开发培养基地”的形式，解决企业在经营管理、营销企划、动物繁育中遇到的疑难课题，推动研究成果的产业化；联合培养应用型人才，丰富学生的实战操作经验，提高学生的社会实践能力，提高高校专业科研课题的开发能力，改善高校的科研环境。

2.采用“订单式”人才培养模式

所谓“订单式”人才培养模式，是指学校与用人单位签订协议，共同制订人才培养方案，充分利用双方的优势资源，共同参与人才培养的过程，实现预期的人才培养目标，最后用人单位按照协议的约定安排学生就业的人才培养模式。通过这种方式培养的高校毕业生，具有很强的实践操作能力和较高的综合素质，能够很快适应工作岗位，满足企业对于紧缺专门人才的需求和技术项目需要。这种人才培养模式以企业的人才需求为导向，人才培养针对性强，学生就业率与社会认可度高，实现了企业、学校和学生的“三赢”。

这种“订单式”培养模式在高职高专院校校企合作中采用得比较多。近年来，随着高校招生规模的扩张，该模式也逐渐被普通高校所采用。例如，哈尔滨工业大学与中国广东核电集团的合作是“订单式”联合培养模式的典型案例。在学校教务处和能源学院的共同努力下，哈尔滨工业大学以学校的名义与中国广东核电集团签订准员工培训合约。从 2010 年开始，相关专业的大三本科生可在大三下学期申请中国广东核电集团的准员工资格。通过中国广东核电集团选拔的学生，将在大四接受由哈尔滨工业大学和中国广东核电集团有关人员共同提供的准员工培训，包括相关课程学习、社会活动、素质训练、职业规划等。此外，哈尔滨工业大学能源学院还和上海锅炉厂有限公司、德国西门子公司及德国大众集团等企业建立了合作关系，通过“订单式”联合培养模式指导学生就业，并取得了良好效果。

3.共建研发中心

该模式是指企业与高校共建研发中心、共同开展技术研发和承担科研项目、共同开展技术成果转化、共同建设技术创新体系、共同培养专业人才的校企合作模式。对于食品加工、石化、装备制造等专业的学生来讲，单纯依靠校内的实验实训很难掌握专业技能，必须依托企业的生产过程进行现场实训。而企业是生产实体，在产品的开发设计和技术改造等方面实力略显不足。通过校企合作共建技术研发中心，学校成为企业技术开发的核心，为企业的相关技术研究、技术革新与攻关提供了平台，为本专业教师直接参与科学研究、产品开发提供了便利条件，也为在校学生在真实工作环境中进行技能训练、工艺设计、创新发明提供了较大的空间。

二、校企合作机制研究的理论依据

（一）教育生态学理论

教育生态学是一门新兴学科，其主要特点是应用生态学的理论和方法来研究教育学中所涉及的教育问题。对于教育生态学的研究最早开始于西方。1966年，英国著名的生态学家埃里克·阿士比（Eric Ashby）就提出了“高等教育生态学”这一概念，并开始运用生态学理论来认识和对待西方的高等教育。1976年，美国学者劳伦斯·克莱明（Lawrence Cremin）在《公共教育》一书中正式提出了“教育生态学”这一概念，在著作的第二章“面向教育生态”对这一概念进行了探讨。英国学者埃格尔斯顿（J. Eggleston）在《学校生态学》一书中，提出了教育生态学的研究思路。他认为，教育生态学主要研究教育资源是如何分布的，社会个体对教育资源的分布是如何反应的。从这个角度来看，运用教育生态学的理论和方法来研究校企合作机制，有其内在的理论逻辑勾连。可以从两个角度来理解：一方面，校企合作内部是一个生态系统。因为校企合作各个主体（学校管理层、行政机关和行政人员、教师、后勤服务人员、学生、企业管理层、企业中层人员和一般职工、服务人员等）在一条长长的生态链条上扮演着不同的角色，从事着不同的分工，所以他们的整体和谐情况影响着校企合作的成效。参与校企合作的有关院校是为高素质应用型人才培养提供教学管理与服务的机构部门，它必须遵循社会主义市场经济规律，营造和谐的办学生态。另一方面，校企合作外部是一个生态系统。与校企合作机制有关的各个要素可以看作与之密切相关的生态因子，将高校、企业及行业这些因子放在教育领域与社会领域的大系统中，可以构建一个多元素协调互动的生态模型。

（二）利益相关者理论

1984年，美国人爱德华·弗里曼（Edward Freeman）在其著作《战略管理：利益相关者方法》中，提出了利益相关者理论。该理论认为，市场经济条件下，任何一个企业的运营和发展都离不开与企业利益相关的各个主体的投入和参与，缺乏了对利益相关者整体利益的考虑，企业是无法实现其长远发展目标的，也必然走向衰落。从这个角度来看，利益相关者理论对于校企合作人才培养机制分析也是适合的。从大的利益相关者来看，校企合作模式下人才的培养主要涉及学校和企业；但从小的利益相关者来看，校企合作模式下人才的培养更多、更具体地涉及学校的管理人员、教学人员、研究人员、学生，以及企业、行业和社会团体等。利益相关者理论为高等职业教育校企合作提供了良好的理论基础。

从这个角度来看，这些利益相关者的利益相关性体现在以下三个方面：

一是在管理目标上的相关性。学校的管理目标之一是培养适合经济社会发展需求的全面型人才，企业发展的内在动力之一是具备适应企业长远发展战略的高端应用型人才，很明显它们是人才链条上的上下游关系。

二是对于应用型人才重要性的认识上的相关性。有的利益主体对于应用型人才的认识很全面，也很有战略眼光，超出了相同主体的视野范围；还有的利益主体站的高度低一些，但并不否认应用型人才的重要性。

三是利益相关的紧密程度不一致。因为相关利益主体在特定时间点的任务紧迫性不同，有的利益相关者对应用型人才培养可能不积极主动，有的利益相关者则显得十分急迫，因此在对人才认识的维度上具有特征差异。大体来说，学校与利益相关者的关系要比企业与利益相关者的关系更为紧密。

（三）协同论

简单的校企合作或者职业教育集团，由区域性的牵头职业教育院校、其他相关参与职业院校、主要行业企业，在平等自愿、互惠互利的原则上，以合作契约为基础组织而成。从协同论的角度看，这一中介性职业教育联合体是由职业院校、行业企业等子系统构成的复合系统，这一复合系统虽然是非营利性组织，但它不可避免地具有经济属性，它产生的前提是各个子系统的共同利益。其不断发展的动力源泉在于，通过对学校、企业、政府部门等的“协同管理”，取得“协同效应”，即充分利用合作平台整合区域内职业教育，降低行业企业人力资源与技术资本交易的成本。

校企合作下的协同至少包括四个方面：一是利益协同。处理好企业与牵头学校、成员之间的利益关系，实现各个子系统即参与单位的利益最大化，实现多赢，是校企合作长效发展机制中协同管理的首要问题。二是战略协同。战略协同即协同子系统或各个部门对复合系统存在价值认识上及发展战略设计上的矛盾和利益冲突。三是资源协同。其实质是各个子系统或各个部门资源进行整合以充分得到利用的过程，它是发挥协同效应的关键所在。四是文化协同。它是指高校与相关企业合作关系创建和发展过程中，将相异或者矛盾的问题特质进行互动、对接、整合后形成的一种和谐、协调的文化体系，它应当是校企合作协同管理的最高阶段。

校企合作是一种注重人才培养质量，注重在校学习与企业实践，注重学校与企业资源、信息共享的双赢模式，有利于培养适用于企业生产一线的高技能应用型人才。它具有培养模式多样化、培养形式多元化、培养效果明显化等特点，有利于高等教育特别是职业教育人才培养目标和规格定位的实现。

第二节　发达国家校企合作机制及经验借鉴

发达国家在加强校企合作机制建设方面起步较早，积累了很多值得我国借鉴的经验，这些机制的主导力量、实施途径、侧重点各有不同，但都反映了各国在不同政治、经济、文化发展环境下的选择。这些合作机制背后所依赖的“土壤”对于中国高等院校校企合作机制建设有着诸多参考价值，同样值得我们从中汲取养分。

一、发达国家校企合作机制

（一）美国“合作教育”机制

合作教育是美国校企合作中采取的最为典型、最为成功的一种教育模式，也是美国的社区学院采取的主要的校企合作机制。合作教育是美国高校通过职业实践提高学生综合能力的一条有效途径，也是当今世界各国高等教育积极倡导的一种教育模式。

美国“合作教育”机制主要包括以下几个方面的内容：

1.实用主义思想奠基

经过 20 世纪上半叶实用主义哲学的洗礼，美国的多元文化在实用主义上产生了聚焦效应，这种聚焦效应也延伸到了教育领域。在其影响下，美国规定每个社区都要有一所学校，通过让社区居民参加学习，以满足社区居民和社区企业的需求。在美国，高级技术工人的待遇和社会地位相对较高。

2.政府立法提供保障

1982年，美国颁布了《职业训练合作法》，进一步将培训权力下放给地方和企业，联邦政府每年将部分再就业培训款用于合作教育之中。2006年出台的《卡尔·柏金斯生涯与技术改进法》把职业教育延伸到工作阶段，支持在学校、学位授予机构、劳动力市场和企业等之间建立伙伴关系。

3.运作体系有效开展

首先是在全国层面成立了推动合作教育的各类组织和研究机构。1962年由教育专家和企业家组成了全国合作教育委员会，1963年成立了美国合作教育协会。其次是在美国进行合作教育的学校中设有相应的管理部门，比如辛辛那提大学设立了专业实践部，负责合作教育的整体管理协调工作。此外，学校要制定关于合作模式和招生资格的文件。

4.面向社区设置专业、课程

多数社区学院根据职业要求对课程进行理论课和实践课的划分。通常，专业实践课学时占总学时的50%以上，学生必须到企业参加生产，而且必须在实习期间定期返校，向学校汇报实习情况，并与教师探讨在实习期间遇到的问题。

5.专兼结合的师资队伍

为保证合作教育的开展，专职教师应占比35%～50%，具有硕士学位或博士学位，有1年以上的教育工作经验，或在相应的技术领域有5年以上的实践经验。兼职教师队伍一般由社区内的企业家、某一领域的专家或生产一线的工程技术人员、管理人员等组成。

（二）德国“双元制”

第二次世界大战后，德国的“双元制”模式成为德国经济起飞的“秘密武器”。德国“双元制”是德国人才培养的主要模式，为德国的经济发展作出了重要的贡献，为德国劳动力就业市场输送了高素质、高质量的人才，为德国国民经济保持持久竞争力发挥了不可磨灭的作用。“双元制”中的“双元”分别为教育机构和企业，二者相辅相成。这种机制是由教育机构和企业按照角色分配来共同承担学生的文化教育和专业技能培训。学生在充分利用双方优势和资源的基础上，具有学生和学徒双重身份。德国“双元制”将理论与实践相结合，培养的是兼具专业理论知识和专业技能的高素质技术人才。

德国“双元制”主要包括以下几个方面的内容：

1.以职业教育法律为基础

1969 年出台、2005 修订的《职业教育法》，1981 年的《职业教育促进法》《实训教师资格条例》《企业基本法》等，都为德国职业教育的健康发展奠定了基础。

2.注重专业设置的适切性

一是根据劳动力市场设置专业，实现了专业和社会经济发展的充分结合；二是结合高新技术的发展，设置社会急需专业。

3.强调质量保证

这种制度是以企业训练为主、学校教育为辅的职工培训制度。教学培训过程分别在学校和企业进行，分工合作实施。学校负责基础文化课程的教学和理论知识的传授，企业则负责实际操作培训。这种制度的实施办法为：一些不进入全日制学校的青年向具有资格招收学徒的企业报考相应的培训专业，被录取后可以成为企业的学徒工，并与企业签订培训合同。学徒期一般为 2～3.5 年，培训期间每周三天半到四天在企业学习实际操作，一天到一天半到职业学校学习理论知识。学徒期满参加全国统一考试，考试合格者可以获得相应的毕业证书。

4.“双元”经费投入保证

企业和政府同时投入资金，支持培训，从经费的投入到师傅和场地、设备的保障及与学校协调教育行动等，体现了企业在教育活动中的主导地位，确保了校企合作的深入开展。

（三）英国“三明治”机制

英国高等职业教育校企合作形式多样，“三明治”教育是英国起步最早、历史最悠久、影响最深的合作教育模式。“三明治”教育发端于 20 世纪初的桑德兰技术学院（今桑德兰大学），在一百余年的时间里形成了鲜明的特色。

英国“三明治”机制主要包括以下几个方面的内容：

1.强化行政对接产业

近代以来，尽管英国高等教育行政主管部门的名称和职能发生了很大的变化，但加强教育部门与企业界的联系，却始终是教育行政部门倡导的教育原则之一。在英国，教育主管部门规定高等院校必须将人才培养、职业培训、就业与技术创新等方面作为自身发展的重要方向，使作为高等教育重要部分的高等职业教育在其统一的国家政策下，实现了与商界、企业界的同步发展。

2.优化教育资源配置

一是政府设立了职业教育基金会，负责职业院校的拨款；二是政府大力提倡社会企业以多元的方式参与职业教育，比如规定企业必须抽取一定比例的资本金作为职业教育税，参加校企合作的学生由企业雇主支付报酬。

3.改革人才培养模式

“三明治”机制采用“理论一实践一理论”交替式的人才培养模式：第一年学生在学校进行理论学习，掌握专业所必备的知识和理论；第二年学生到企业实地接受技术培训和产业训练；第三年学生再次返回学校学习课程。这种模式就像“三明治”一样。

4.完善课程考核体系

一是企业对学生在企业实习期间的表现进行考核；二是由指导老师在实习开始时指导、督促学生制定个人实习发展规划，通过电话、邮件等形式跟踪实习进程，并随时和学生探讨实习过程中的疑惑；三是由学生对自己实习期间的表现、承担的工作内容、个人发展计划的完成进度、掌握的技能进行评价。

5.架通终身教育桥梁

设立了专门的管理部门——资格与课程委员会进行管理，建立了国家资格框架体系，统一管理职业与教育资格证书。

（四）澳大利亚“TAFE”机制

职业技术教育（Technical And Futher Education, TAFE）学院作为澳大利亚最为著名的义务教育阶段后职业技术教育的主实施机构，是许多澳大利亚高中毕业生接受高等教育的选择方向之一。它不仅是澳大利亚高技术人才培养的中心，还是教育服务贸易的主力，在国际上享有盛誉。

“TAFE”机制的具体内容包括以下几个方面：

1.完善的职业教育与培训体系

澳大利亚政府与行业共同建立的职业教育与培训体系，课程体系丰富多样，有职业性课程，也有凭兴趣就能参加的非职业性课程。非职业性课程学时不限，来去自由。课程包括预备性的课程、半专业性的课程及专业课程，基本涵盖了所有行业。

2.行业领导的校企合作

在澳大利亚，所有TAFE学院都是由行业来领导的，领导模式为设立董事会，董事会成员都是各大企业的行业专家，由他们共同对办学规模、教育产品开发、经费筹措等进行决策。

3.高速的教育国际化进程

澳大利亚政府极具战略眼光，积极推动TAFE学院向国际市场发展，有效地扩大了教育与培训市场，推动了教育国际化进程。

4.强调终身学习的教育理念

招生方面，TAFE 学院没有年龄、地域限制，鼓励人们随时回到学校学习；在学制上，TAFE 学院有全日制、非全日制等；在课程上，TAFE 学院有资格课程、英语课程、科目课程和短期培训课程等；在教学组织上，TAFE 学院可以利用互联网和先进的科学技术进行远程教育，为一切愿意接受教育或培训的人提供服务。

5.严格的课程管理

TAFE 学院的课程管理严格，它将职教课程组合成不同的模块，一个模块有一个学分，不同的专业有不同的模块。这样就构成了一个职教课程模块体系。

（五）日本“产学官”机制

“产学官”合作是日本校企合作的典型模式。“产”是指各大企业组成的产业界；“学”是指学术界，包括大学与科研机构等；“官”是指各级政府。“产”负责技术创新和技术实践运用，提供技术实施中的设备资源等，“学”负责学术创新和技术总结，“官”则是“产”和“学”的中介和“桥梁”。日本许多产业的成长得益于“产学官”机制。

二、发达国家校企合作机制的经验借鉴

（一）政府为校企合作提供立法保障

由于合作教育的特点，学生在不同的环境下学习，也会涉及人身安全、医疗保险、权责义等问题，法律是保障这些问题得以解决的关键。在政府宏观政策的主导下调动行业协会、企业组织参与，每一次校企合作在规模上的推进均以立法的形式予以确认和保证——这是很多发达国家高等职业教育院校校企

合作机制得以确立和可持续发展的基本模式。政府为合作教育立法拨款，对合作教育的发展起到了巨大的推动作用。而有法必依、执法必严则是保证法律手段有效的基础，也是校企合作长效机制得以建立的基础。

（二）本土化的制度与路径选择

无论是美国的“合作教育”机制、德国的“双元制”、英国的“三明治”机制、澳大利亚的“TAFE”机制，还是日本的“产学官”机制，都富有职业教育特色，都是职业教育校企合作、工学结合规律在实践层面的体现。同时，这些机制还带有相关国家浓厚的文化与社会烙印，特色鲜明，具有较大的传播价值。

（三）完善的职业资格证书体系

无论是英国的普通国家职业资格（General National Vocational Qualifications, GNVQ），还是澳大利亚的学历资格框架（Australian Qualifications Framework, AQF），都是较为完备的职业资格证书体系。美国的社区学院与德国的高等专科学院提供了多样的证书可供选择，日本的高等职业教育也强调职业教育与职业标准的接轨。校企合作办学，归根结底还是要培养出符合岗位要求的人才。通过校企合作，保证职业资格证书与各类学历证书的对等地位与平滑衔接，既是校企合作培养人才的要求，也是高等职业教育保证自身地位的要求。

（四）严格的教育质量保障

引入行业、社会与教育组织的力量，或在学校层面成立专门的监督、管理机构，或在政府层面设立专业的指导、监督机构，或由独立的行业协会负责监控，从而对校企合作进行质量管理，最大限度地保证了利益相关者的需求得以满足，也更能体现多元的质量标准。

（五）多样化和终身化的改革方向

可以发现，高等职业教育功能多样化、终身化正在成为改革方向。校企合作需要在学历教育、职业培训、服务贸易等领域寻求更多发展的可能，为构建终身学习社会贡献力量。

（六）以企业需求为导向的合作模式

德国的“双元制”最明显的特点是学校与企业合作，共同参与学生的培训。企业在经费、设备投入、师资配备、业务参与等方面发挥着主体作用。与发达国家相比，我国对校企合作的认识还不够，这一点突出表现在：没有将理论与实践教学很好地结合起来；追求短期的利益；重技能、轻理论；等等。日本的校企合作也是以企业为主体，企业会尽最大可能为学校和科研机构提供经费、场所和课题。与此同时，日本的一些大学经常举办产学研研讨会，很多企业的技术人员会到大学研修甚至任教。而目前中国基本上是学校方一厢情愿，企业方缺乏合作的动力和愿望，校企合作难以获得充足的资金，缺乏实训的基地、培训的师傅、就业的机会等。

第三节　校企合作背景下企业应用型人才培养机制中的问题分析

近年来，国内部分高等院校和企业开展了各种类型的校企合作。由于多方面的原因，合作多停留在表面，缺乏一定深度。可以看出，在目前的校企合作中，校方和企业方都存在一些值得关注的问题。

一、当前校企合作人才培养机制中的问题

校企合作培养应用型人才的模式已经逐渐成为我国高等学校教育改革的发展趋势。必须看到，随着我国校企合作办学模式逐渐走向规范化和成熟化，一大批应用型人才得以培养出来，迈向企业和社会，受到了广泛认可。但也要注意，校企合作人才培养机制还存在诸多问题需要解决，主要问题有以下几个：

（一）师资队伍建设不适应校企合作模式

当前，高校教师队伍的建设主要是为了培养普适性人才，很多高校忽视了对专业人才的培养。高校教师在授课时，通常以相同的授课进度、授课模式和授课内容教授存在差异的学生。在教学之前，他们常假定学生是同质的，不考虑学生在基础知识、学习能力、兴趣偏好等方面的不同。然而，在校企合作中，这种普适性的教学模式使得教师很难培养出符合专业要求的人才。在教与学的错位中，教师的教学效果无法得到保证，学生的学习效果也不甚理想。

同时，教师与教师之间也缺少沟通和联系，无法形成团队培养的模式。在高校，多数教师都是独立进行教学和科研工作，与同事的沟通有限。即便是教授同一门课程，教师们的沟通也不多，他们多以自己的方式教授课程。这种“各自为政”的职业发展模式，使得高校在师资队伍建设方面也以培养学术带头人、培养拔尖人才为主。然而，学术带头人或拔尖人才在得到充分发展后，多以个人目的为导向，形成自己的学术小团体，因此，有助于人才培养的师资队伍大团体难以形成。这种模式下，高校很难培养出综合素质高、能力强的高端应用型人才。有些教师的团队意识较弱，当无法融入学术团体时，会以教好自己的课程为目的，抛弃沟通与协作。高端应用型人才不是指单个人才，更不是指具备单项技能的人才，而是指综合素质高、能力强、有团队协作意识、能够在复杂的任务环境中协作解决疑难问题的高水平人才团队。

（二）固有的教学模式不利于培养企业所需的应用型人才

当前，高校多以学科知识体系为基础进行专业设置和课程体系的设定。这些知识体系是否具有实用价值是很难判定的。有的课程知识没有及时更新，学生还在学习十多年前的旧知识，这非常不利于学生综合能力的培养。教学目标通常是培养具备学术研究潜质的高素质人才，或者培养当前社会发展紧缺的实践型人才。如果不改革教学模式，坚守与时代发展不符的旧有知识体系，教学目标是无法实现的。校企合作作为培养实践型人才的一种有效模式，在高校应该引起足够的重视。

以固有的教学模式培养新形势下的高端应用型人才，结果必然是耗时耗力，收效甚微。只有基于企业或社会发展的现状所需，重新设置更为合理的课程体系与知识体系，才能培养出适合企业和社会发展的人才。进行校企合作，除了要注重师资队伍建设和核心竞争力培育，还应进行教学模式的改革。在新的教学模式下培养学生，可以使学生更加符合企业和社会的要求，在进入企业后也能以更快的速度适应工作岗位。教学模式的改革是校企合作的表征，既是对合作者——企业的承诺，也是对培养对象——大学生的承诺。

（三）企业缺乏参与合作的积极性和主动性

一是合作办学增加了企业的人力资源成本。人力资源不同于物质资源，人力资源价值创造效用的发挥需要企业首先投入成本，而且预期效果也存在不确定性。比如，企业通过招聘、新员工入职培训、岗位适应性培训等项目使某空缺岗位有了人员的补充，而在新员工入职的每一个环节企业都必须首先投入成本。在校企合作的过程中，企业需要派遣专门的人员与学校就合作办学事宜进行协商和监管，后续还要抽调专业人才协助学校教授学生专业知识，这些会给企业带来各种成本。校企合作必然会给企业带来隐性成本，这种成本比企业正常业务形成的成本更具模糊性和难以预测性。就短期来看，企业在合作办学中需要投入各种成本，且后续能否受益存在很大的不确定性。

二是企业无法规避合作办学中存在的人才流失风险。劳动力市场竞争自由化也决定了企业无法规避人才流失风险。合作办学会耗费企业大量的人力、物力、财力。一旦企业无法满足通过合作办学花费大量成本所培育出的精英型人才的需求，他们就可能被其他企业挖走，主动离职，企业可能需要花费更大的成本才能弥补由此造成的损失，这对于企业来说有可能是致命的打击。企业为社会的人才培养事业付出了很多，但由此形成的人才流失成本当前却没有相关部门会帮助企业规避或替代企业承担，这在很大程度上也影响了企业对合作办学的积极性。

三是国家在校企合作中的主导作用发挥不够。前文已述，德国、美国和日本等国家的政府部门在校企合作的发展中发挥了重要作用。就我国的具体情况而言，多数财政性政策属倡导性文件，可操作性不高，而且缺乏法律强制约束力，仅停留在鼓励企业参与校企合作的意识形态层面，无法进入企业的责任和义务层面。另外，我国教育法律法规的制定相对比较滞后，国家或地方出台的关于校企合作的法规条例还不够完善。由于缺乏必要的制度约束和政策保障，校企合作双方都缺乏主动、积极参与的热情，以防在合作过程中遭受过多的损失。因此，目前很多校企合作还停留在“提供实习机会”这样的浅层次合作和短期合作，缺乏长期、深入、全方位的合作。

二、当前校企合作人才培养机制中存在问题的原因

（一）校企合作双方认知存在差异

校企合作本应是一种有利于我国人力资源发展的新模式，但因合作双方的认知存在差异而使得合作双方之间可能出现矛盾。

企业对校企合作的认知通常包括三个方面：一是校企合作有助于提升企业的社会形象；二是校企合作有助于为企业招聘到符合岗位要求的人才；三是校

企合作能够使企业的固有知识得到更新。但是，这三个因素都存在替代因素。企业可以通过支持社会公益事业（如给慈善机构、非营利组织、学校等捐款或捐物）、制造高品质低价格的产品等方式提升企业的社会形象，可以通过广泛的招聘形式招到符合岗位要求的人才，可以通过聘请专家举办讲座的形式改善企业的固有知识结构。很多企业不愿意进行校企合作，认为校企合作前期需要投入的成本太高，且收益无法预期。这些企业认为，即使不进行校企合作，企业也可以获得所需人才。这是企业合作积极性不高的主要原因。

学校通常将当前经济发展中紧缺的专业型人才作为培养的主要目标，认为只有校企合作模式才能实现专业型人才培养的目标。学校对于社会对某专业型人才的需求量、需求标准、需求预期等都缺乏较深入的了解，对于该如何与企业合作培养这样的专业型人才也处于试探性阶段，没有清晰的认知和明确的培养方案。此外，合作办学培养专业型人才理应以培养人才为目标，但一些学校把这视为创收的门路，忽略了合作办学的根本。

当企业与学校对合作办学存在认知错误或差异时，双方的合作进程就可能受到影响。合作中的事项可能被终止，合作过的双方可能无法继续合作。

（二）校企合作双方关系不够牢固

当前，学校与企业间之所以能形成合作的意向，主要是因为各种人情关系。显然，这种靠感情和人脉建立的合作缺乏一定的规范性，无法经受市场经济的冲击。一旦建立起合作关系的当事人之间出现小利益纠纷，就可能使校企合作这个大项目被搁置，甚至最终终止。对高校而言，其为了培育出高端的应用型人才，相关负责人会利用各种关系寻找合作对象，一旦找到愿意合作的企业，就可能会忽视前期调研，立马与企业签署合作协议。这样做是有很大的风险的。因此，学校不能依赖于人情关系随机选择合作对象，而应该在前期进行大量的调研工作，在确定企业适合作为合作对象后，再与之合作。

与学校相比，企业在市场经济的大环境中遇到的不确定性因素更多。企业一旦出现竞争危机，就会把主要精力放在如何开拓市场、创造利润方面，很可能随时终止合作。企业无法预知合作是否会给其带来利润，投入的成本能否带来较高的收益。当企业当事人与学校当事人因二者的人情关系而形成合作意向并建立合作关系时，由于这种合作关系与市场环境中的竞争关系相比过于单薄，因此企业很可能会在进行战略改革时首先终止此类合作，以降低成本。

缺乏有效的法律和制度约束，校企合作中的任何一方都可能随时终止合作，给对方带来了高风险，而基于人情关系构筑的校企合作意向更加大了这种风险。学校终止合作对企业来说风险更大，因为企业不会得到任何好处；企业终止合作也会给学校带来风险，因为学校正在进行的各项措施的改革将不得不终止，重新进行规划。鉴于校企合作的关系通常不够牢固，合作双方在合作前应进行认真调研。调研工作做得越充分，合作双方对彼此的了解越透彻，构筑的关系才会越牢固。只有合作双方之间的关系足够牢固，才能规避合作存在的风险。

（三）校企合作双方均存在无法规避的风险

由于没有相应的法规、制度支撑校企合作培养高端应用型人才的模式，合作双方都可能随时给对方带来无法规避的风险。

对学校而言，校企合作得以进行势必需要对师资队伍建设、专业知识传授、教学模式等事项进行改革，而这一系列的改革通常都会朝向利于当前合作的方向进行。师资队伍建设可能倾向于以有利于合作企业日后吸纳人才的方式进行，教师也会倾向于结合合作企业的实际案例进行教学。专业知识传授会倾向于定位当前企业所需的知识层面，传授与当前企业密切相关的理论知识。教学模式的改革也会以有利于学生融入当前企业发展的方式进行，使教师、学生与企业形成一个互动体系。要想完成这一系列的改革，学校需要耗费大量的人力、物力和财力。一旦企业单方退出合作，已形成的一系列固有资源和模式能否适应下一个合作目标，对学校而言将是一个未知数。

同样，对于企业而言，学校的突然退出也会给其带来极大的风险。企业为了与学校合作，需要派遣人员进驻学校，需要指导学生实习，需要协助学校进行各项改革，需要洽谈企业文化与教学模式和内容的融合，这些事项会给企业带来很多成本，包括机会成本。一旦学校单方面毁约，企业可谓前功尽弃。企业再想与其他学校合作，就需要重新进行新一轮的人员、时间和物力的投入。校企合作失败带来的风险对企业而言可能远大于学校。学校在校企合作中接收了新的合作理念、新的专业知识，并为之进行了很多事项的改革，建设了师资队伍，培养了人才。而企业在合作中除了付出成本，几乎没什么成效可言。企业通常在合作成功，所培养的人才很好地融入企业并为企业发展做出贡献之后才能受益。显然，与学校相比，企业更不希望合作半途而废，这可能也是企业合作积极性不高的原因所在。

此外，对于企业来说还存在人才流失的风险。在进行校企合作时，企业需要付出大量的成本才能获得人才的优先选择权。然而，一旦企业无法满足合作培养的人才的需求，这些人才就可能离开企业。人才的流失也预示着企业在合作中失败。但对学校而言，人才培养的任务已经完成，学校很少关心学生是会留在企业还是会跳槽。

（四）培训实施过程不够完善

国内诸多企业特别是中小规模的企业，对于培训的实施过程不够完善，并未针对学生的特点对课程内容、讲课风格、培训方式等细节进行详细的规划。有的企业因为受到人力资源成本的约束，还会选择让自己的员工来充当讲师。这种不具有专业性的培训使得培训的效果大打折扣。总之，就目前我国大多数企业培训的情况来看，培训实施过程仍有待完善，培训激励机制仍缺乏有效性和科学性。

第四节　校企合作背景下企业应用型人才培养的有效机制

体制机制是深入推进校企合作的保障。就校企合作的体制机制而言，必须兼顾学校和企业双方的需求。因此，加强校企合作背景下应用型人才培养的机制建设，就必须建立与应用型人力资本专用化相适应的较为科学的、完善的、符合经济社会发展要求的管理体制和运行机制。

一、改革校企合作的办学机制

（一）科学定位，确保企业人才培养质量

应用型人才是指能将专业知识和技能应用于所从事的专业社会实践的一种专门的人才类型，是熟练掌握社会生产或社会活动一线的基础知识和基本技能，主要从事一线生产的技术或专业人才。他们具有较强的解决实际问题的能力，能够承担专业技术管理和分析研究工作，是具有良好职业素养的高层次复合型应用人才。校企合作在培养目标、课程设置、教学理念、培养模式、质量标准和师资队伍建设等方面，都要着眼于人才培养质量。具体来说：

一是要培养应用型人才的创新精神。学生进入项目，就要以“经理人”“企业家”的精神要求自己，自觉融入先进的企业文化；要通过零距离接触市场，近距离聆听改革前沿的企业专业人士传授的前沿知识，及时了解、掌握市场动向，分析市场行情和变化规律，培养创新意识。

二是要培养应用型人才的实干精神。他们不但要掌握一定的基础理论知识，而且要善于将理论或相应的科研成果转化为解决经济、管理等方面实际问

题的能力。学习结束后，要求学生提交反映其能力水平的毕业论文和专业研究报告，完成学业后获得毕业证书、学位证书、职业资格证书、实习实践合格证书等四个证书，为高端就业奠定基础。

（二）改革课程体系，强化企业人才培养特色

在学校办学指导思想的引领下，依据应用型人才定位的目标要求，改变以往重理论、轻实践的课程设置，增加实践、实训、实习课程的比重。在课程体系调整中，既要强调基础理论研究，又要注重与应用能力培养的有机结合。

在设置基础理论课程时，要根据高端应用型人才培养目标，结合学生来源于不同专业的实际情况，重视学科间、专业间的渗透，构建科学的课程体系。理论课程学习主要在校内完成，由校内导师负责对学生进行理论知识的传授，夯实学生的理论基础，激发学生的发展潜力。实习实践课程主要在企业或实习基地完成，主要由校外导师负责学生实践能力的培养，提高学生适应社会需求的水平。

学校要重视改革创新实践教学模式，与多个企业、多种社会资源联合建立实习实践教学基地。要充分利用实习实践教学基地，采取集中实践与分散实践相结合的方式，其中集中实践教学的时间应不少于 1 年。实习实践基地有多种形式，主要由设在合作单位的实习基地组成。学生实习由校外导师亲自安排，由校内外导师双重指导，保证实践教学环节的顺利进行。实习开始时，合作企业制订实习计划；实习结束时，实习单位填写实习鉴定意见，学生撰写提交实践学习总结和专业研究报告初稿，并在校内导师的指导下完成专业研究报告和毕业论文。这样，学校、企业相互配合，共同加强实习全过程的质量管理和服务，确保实践教学质量。

（三）加强“双导师”队伍建设，形成校企师资合力

“双导师”队伍是校企合作培养人才模式的师资队伍建设特色。“双导师”

由校内导师和校外导师组成并各有分工。校内外导师合作的重点是在更高层次对学生分析研究问题能力进行联合指导。校内导师重点负责基础理论知识的传授和研究，校外导师重点负责学生实践课程的讲授和实践能力的培养。校外导师可以由诸多合作企业专家型的业务主管组成。

学校要建立一支既相对稳定又相对松散的“双导师”队伍，理论与实践并重。学校可以在征得校内外导师的同意后将其信息挂在校园网上，实行导师、学生双向选择制，零距离传授前沿知识，近距离指导学生。导师队伍的“相对松散”是指根据人才培养方案和课程计划安排，临时聘请知名专家和企业管理者，以定期或不定期形式来校做前沿知识讲座或实践指导，不固定承担某位学生的实习和就业指导任务。这样做的结果是：校内外导师以合作项目为平台，以通过不同方式联合培养人才为己任，以共同成就一番事业、培养一批人才为核心，形成一股强大的师资合力。学生会被专家和企业管理者的精神所感动，被企业文化所感染，获得主动学习的热情，提升服务社会的能力。

（四）进行制度化调整

为了激发企业参与校企合作的动力，高校应注重加强自身建设，不断提高教学、科研和服务水平。

在与企业合作时，高校至少应在如下五个方面进行相应的调整：第一，根据企业用人所需调整实践教学计划；第二，利用职业技能综合培训基地为企业提供职工培训和技能鉴定；第三，利用学校的科研机构为企业进行技术研发和服务；第四，派出骨干教师为企业提供技术服务；第五，与企业合作进行技术攻关。

另外，还应采用建章立制的办法解决校企合作双方的约束性问题。应在健全组织机构的基础上不断完善技术性制度，具体要做到以下三点：第一，成立校企合作委员会；第二，成立校企合作办公室；第三，成立专业指导委员会。

（五）科学评估培训过程

对于核心人员的培训已经脱离了基础培训，更重要的是一个拔高的过程。需要特别注意的是，企业在对核心人员开展培训的过程中，对于培训落实的细节需要有一定的考评。因此，首先需要规范培训的内容，选择专业的培训讲师；其次，针对最终的培训效果要有一定的预估，保证培训合理到位，不至于造成时间以及人力资源成本上的浪费。身处信息化时代，企业也可以借助线上培训、直播培训等多元化的培训手段，为培训模块带来更加丰富的选择。如今不少企业会特意招聘培训专员这一岗位，就是为了让专业的人才来开展培训工作，保证培训的科学化、有效化以及合理化。因此，企业需要对培训专员这一岗位设置相应的绩效考核标准，以此来辅助达到培训效果。

综上所述，核心员工作为企业综合竞争力的重要组成部分，起到了至关重要的作用。尽量地降低核心人员流失率是企业发展过程中不可忽略的关键性工作，因此可以借助多样化的手段，比如构建科学合理的薪酬体系、建立健全培训机制、制定规范化的绩效管理机制、落实激励制度、科学评估培训过程等，给予核心人员更满意的培训激励，促进其工作效果的改善，使其为企业提供最大化的价值贡献。

二、提升企业参与校企合作的动力机制

（一）关注企业人才需求指向，激发企业对校企合作的参与热情

人才培养和企业实际需求阶段性脱节的矛盾已成为企业竞争和发展进程中的一个无法逾越的“短板”，人力资源的竞争和需求成为企业主动参与人才培养的动力源，也成为校企双方在进行人才培养时能够合作并获取长远发展的基础。企业是一个自主经营、独立核算、依法设立的以营利为目的的经济组织。企业在出现人才空缺时，要么通过人才市场引入人才，要么自己培养人才，要

么进行跨部门配置。企业作为市场竞争的主体，人力资源是其参与市场竞争、获取持续竞争优势的主要源泉。企业只有掌握了关键性的人才资源，才可能在激烈的市场竞争中得以生存和发展。尽管普通高校与企业合作培养高端应用型人才时的属性存在差异性，但人才培养的结果对二者都很重要。

关注企业的人才需求指向，要做好以下几个方面的工作：

一是通过实地考察调研，了解企业所需人才。可以由政府机构人员、教育部门行政人员、高校管理人员和企业中层管理人员、行业协会人员组成专家委员会，到企业一线去了解企业当前缺乏的人才的主要专业、基本技能。

二是加强对企业所需人才的专项培训。可以借助学校的智力资源，与专家委员会共同确定专项培训内容，把企业人才需求作为培训开发的主要依据，确定企业人才发展的远期、近期规划。

三是根据培养目标，改革学校教学内容。充分利用企业提供的实践平台，在学生掌握基本理论知识的基础上，通过产学结合形式让学生到企业进行岗位技能锻炼。这种理论与实践并重的教学模式能大大提高学生的生产操作能力，实现学生从“求学”到“就业”的无缝衔接。

总而言之，这些措施能增强企业用人和高校教育的实效性，是激发企业参与校企合作的热情、规避企业人力资本投资风险的一项主要策略。

（二）提高学生的忠诚度，降低校企合作中应用型人才流失的风险

为了避免在校企合作中企业的人力资本流失，企业可以采取法律约束手段（签订用工合同，明确应用型人才的权利义务、用工年限、赔偿方式等内容），也可以采取有效的激励制度，比如将员工的绩效考核与工资待遇以及岗位任职资格相联系。更重要的是，企业要关注每一个员工的个人需求是什么，他们有哪些利益诉求。因为每个企业员工都有自己的兴趣爱好和思想认识，所以只有充分尊重每个员工的利益诉求，他们才会全身心投入到企业的建设和发展中

去。因此，在校企合作实践中，校企双方都要考虑到应用型人才之间的天赋与能力差异，针对不同类型的人才采取不同的培养措施。要针对应用型人才的不同素质结构制定培养的长效机制，指导他们对自己的职业生涯进行设计。合作院校也可以凭借其强大的师资力量为应用型人才提供后续的培训和教育。企业对应用型人才的重视能使他们看到美好的发展前景，拥有充分施展自己才能的广阔空间和舞台。

同时，在校企合作中还可以建立一种文化交流机制。学校与企业是不同文化的载体，如果能够合理地利用两种文化，使两种文化很好地结合在一起，就能促进校企合作达到最佳状态。比如，学校对企业应用型人才的培训不仅仅限于理论知识和生产技能，还可以加强职业道德教育和企业文化教育，使应用型人才对企业文化的内涵和进行企业文化建设的原因有深刻的理解，让他们充分体验到成为一名企业员工的满足感和自豪感，从价值观、信念、情感等方面认同企业，不断增强他们对企业的归属感。可以通过将企业文化引入校园，丰富课堂文化的内容，在教学过程中注重培养他们的职业意识和岗位意识。这样培养出的企业所需的应用型人才就会具有成为企业员工的强烈意识，具备较高的员工忠诚度。在校企合作中建立文化交流机制，一方面能吸引和留住优秀人才，另一方面又能激励人才发挥潜能，施展才华。

三、完善政府对校企合作的保障机制

（一）完善法律法规和政策体系

在职业教育发达的国家，校企合作是很重要的一部分，这主要归功于详尽的法律。无论是美国不断改革的职业教育校企合作，还是德国的“双元制”职业教育校企合作，法律都功不可没。法律对校企合作的相关内容有着明确的规定，为校企合作撑起了一把巨大的保护伞。

21 世纪，我国职业教育随着经济的快速发展，已经到了一个发展的关键时期，能否把握住这个关键时期，对我国职业教育的发展具有决定性作用。迫于当前我国经济发展的需要，通过对国外职业教育经验的学习借鉴，国家越来越意识到校企合作在职业教育中的重要性。当务之急就是构建具有中国特色的完善的法律体系，修改与制定校企合作法律法规，以保证职业教育校企合作的健康发展。职业教育校企合作的法规建设源于职业教育校企合作实践的发展需求，根植于现实社会。应根据职业教育发展的新形势、新情况和新问题，对目前的校企合作进行广泛的调研，在总结经验、分析问题的基础上，对校企合作法规进行补充和完善。国家应建立健全法律法规，地方政府和行政部门应进一步完善各种规章制度，从而明确校企合作双方的权利和义务，吸引更多的企业参与合作办学。

（二）加大对校企合作的财政支持力度

首先，通过法律法规明确并细化对企业的税收优惠政策。通过颁布相关法律法规，对接收学生实习的企业给予税收减免，并对企业接收学生的数量、承担培训学生的费用等问题做出明确规定，给出相应的税收减免标准。可由人力资源和社会保障部、教育部、财政部、国家发展和改革委员会等相关部门组成一个“产学合作委员会”，给予企业相关的利益权利优惠政策，比如免税和发放奖金等。对校企合作进行立法可以为高校长期和企业进行互利合作提供法律保障，更能最大限度地调动合作双方的积极性。比如，2009 年，深圳宝安区人民政府印发《〈宝安区关于加快职业教育发展的实施办法〉实施细则》，文件规定：“全区各中职学校申请、经区教育局批准设立的区级职业教育校外实训实习基地，基本建设经费由区财政核拨。中职学校学生实习期间，每人每月享受 650 元生活补贴。对接纳中职学校学生实习的企业，给予每人每月 300 元的实训补贴。”在这些政策的推动下，企业参与校企合作的积极性大大提高。

其次，积极强化财政激励政策。随着教育投入的不断增加，国家在财政政策方面应给予校企合作一些激励政策，政府应拓宽向参与校企合作的企业提供财政支持的渠道。当企业有机会得到实质性的合作收益时，就会积极主动地为学校提供合适的实习实践基地。在校企合作过程中涉及学生实习、实践费用时，国家应设立财政专项拨款，为校企合作的顺利开展提供资金保障，努力不让学生的实习成本成为阻碍学校和企业合作的“挡路墙”，为培养更多高素质的优秀人才提供资金支持。

最后，加大对校企合作的监督力度。通过税务、企业监管等部门对学校、企业的监管，严格考量企业在校企合作中的责任表现。根据相应的指标数据，决定是否给予参与校企合作的企业减免税收、发放津贴、给予银行贷款等政策性优惠。

第四章　创新驱动发展战略下企业创新人才协同培养

第一节　创新驱动发展战略与企业创新人才

一、创新驱动发展中企业创新人才的重要性

创新驱动发展战略的深入实施，需要企业创新人才提供智力支持。企业创新人才可以运用科技知识或技能、发散的逻辑思维进行科技创新、制度创新活动并取得成果，从而促进生产力发展，推动社会进步。因此，企业创新人才在创新驱动发展过程中具有重要的作用。

创新驱动实质上是人才驱动。人才是企业中的核心资源、创新中的核心要素。企业可持续健康发展离不开创新人才的支持。创新人才不仅具有优秀的品质和创新的能力，而且是增强企业创新动能的战略性资源。创新人才能够创造新的价值，将个人拥有的隐性知识奉献出来，彼此共享，形成新的组合，实现联动效应和协同价值。创新人才具有不可替代性。企业创新人才是精英人才的集合体，是企业可持续发展的稀缺性资源。企业创新人才具有区别于其他人才的特点，如创新性、复杂性、动态性以及不确定性等。企业创新人才不仅能帮助企业获得市场竞争优势，而且能使企业获取长远的经济效益。比尔·盖茨（Bill Gates）说：“如果把我们最优秀的 20 名员工拿走，微软将变成一个无足轻重的公司。”

可见，高素质的创新人才在企业发展中的重要地位。

创新驱动优势是人才优势的体现。人才优势始终是企业发展中第一位的优势。“得人才者得天下”，如果一个企业缺乏创新人才资源的有力支撑，创新也就没了强大的势能。企业拥有一定“量”和“质”的创新人才，是实现创新目标的重要保障。通过发挥创新人才资源的优势，可以改变有限资源不可持续的被动局面。在这个意义上，可以说创新是对人才因素的新组合，是一种智力的创新。创新驱动的经济增长方式依靠知识资本、人力资本和激励创新制度等无形要素的组合来实现创新。企业培养创新人才不仅能提高他们的个人素质，也能提高企业的整体人才素质。也可以说，创新的环境营造了创新人才成长的氛围和动力。从创新人才的使用主体方面考虑，企业是最直接的使用主体。因此，做到知己知彼，重视和培养创新人才，服务于企业发展，也就显得尤为关键。

创新驱动发展战略与创新人才相互联系、相互促进。创新驱动发展战略的顺利实施依赖创新人才的智力支持，而创新人才推动创新驱动发展战略深入实施。企业发展靠创新，创新靠人才，人才是创新的根基。企业中有不同层次、不同禀赋的人才，其中创新人才是人才中的佼佼者，能在创新的过程中发挥自己独特的创新才能。创新人才在企业发展中具有领头作用、榜样作用，是“先锋旗手”。实施创新驱动发展战略，最根本的目的就是增强自主创新的能力。而发挥企业创新能力的重点，则在于创新人才的智慧组合。企业的创新发展，需要各部门创新人才共同释放能量。

二、企业创新人才协同培养的必要性

当前，我国经济发展正从要素驱动和投资驱动为主向创新驱动为主转变，企业发展面临巨大的转型压力。转型能否最终成功，归根结底取决于能否发挥人的主观能动性，特别是人的创新动能，而创新驱动的人才开发是动能转换的关键。企业是我国实施创新驱动发展战略的重要主体，其所拥有的创新人才的“质”和“量”，在很大程度上决定了其创新驱动发展的实力。因此，在创新驱动发展战略视野下，企业创新人才协同培养是企业可持续发展的重要选择。

科技创新是一项投资高、风险大、复杂性强的工作，需要企业内部各部门通力合作、相互配合，全面实现技术、管理、市场等多重因素的有机组合。企业创新活动不仅仅是技术研发部门的工作，技术研发部门应与其他职能部门（如管理部门、市场部门）紧密配合，更加关注研发活动与其他管理活动、市场活动的融合。企业要创造各种有利条件，增进各部门之间的联通协作。企业创新人才协同培养，旨在构建多职能部门联合攻关的技术创新团队，充分发挥“创新人才共同体”的协同作用，实现企业创新人才之间的创新协同价值。

此外，企业创新人才在资源互享、职能差别、环境不定性等方面需要协同培养。在创新资源互享方面，创新人才之间需要协调合作，实现资源共享，最终实现企业创新目标。不同部门的创新人才具有不同的创新禀赋和专业技能，而任何个体不可能拥有实现创新目标所需要的全部资源，也不可能成为一个全才。因此，不同创新人才之间稳定的资源共享、交流互动是实现个人价值和整体价值的保障。

在职能差别方面，不同的创新人才职能不同，因此有必要构建彼此之间良好的沟通合作关系。企业的职能细分在一定程度上提高了工作效率，但也可能导致部门之间在各种利益关系上存在某些协同障碍，因而需要相互依赖、协调配合。

在环境不定性方面，由于环境的变化发展，创新的不确定性较高，企业创新人才之间需要及时进行信息的传递和沟通。对企业创新人才来说，需要具备很强的适应能力和随机应变能力。

三、创新驱动发展战略的缘起

创新驱动发展战略内涵丰富，其形成和发展具有深厚的历史根源。创新驱动实质上是人才驱动。笔者将主要从创新驱动发展战略的内涵、创新驱动理论的形成与发展、创新驱动与人才驱动的内在关系等三个方面进行论述，引出创新驱动发展战略背景下提出企业创新人才培养的重要性。

（一）创新驱动发展战略的内涵

创新驱动发展战略，是我国在分析国内外局势及经济发展情况的基础上作出的重大战略抉择。创新驱动发展战略，从字面意义上理解，可以说创新是手段、驱动是动力、发展是目的、战略是宏观体现。经济发展有不同的阶段，而在不同阶段需要一种与之相匹配的动力来推动。当前，我国经济发展进入新常态，发展方式转变正当行。过去我们强调的是依靠要素成本优势驱动和投资驱动发展经济。随着我国全面深化改革的推进，这样的驱动方式已经不能完全满足长远的发展。因此，必须强调创新驱动在我国经济发展中的地位，把创新摆在发展的首要位置，以创新来推动发展，以发展反过来带动创新。这也意味着国家或地区的竞争不再过度依赖廉价劳动力的优势，更多地依靠增强自主创新能力实现经济发展的转型升级。重视企业创新人才的培养，不断提高科技创新成效，有利于实现经济社会的发展。创新驱动，即以企业为主的各类市场主体在国家经济发展中具有创造力和持续创新的原动力，从而形成强大的产业竞争力，驱动社会经济的发展。

创新驱动发展战略的一个重要内容就是要推动以科技创新为核心的全面创新。所谓全面创新，包括技术创新、管理创新、市场创新、战略创新、制度创新、组织创新等各种创新。而技术创新、管理创新、市场创新是企业创新的重要内容，它们之间不仅具有创新联系的协同性、创新主体的多元性，还具有创新体系的开放性等特点。

众多学者从不同视角对创新驱动的内涵进行了解读。万钢认为，创新驱动发展的本质是一个国家依靠自主创新，充分发挥科技对经济社会的支撑和引领作用，大幅提高科技进步对经济的贡献率，实现经济社会全面协调可持续发展和综合国力的不断提升。郭铁成认为，创新驱动发展战略就是把创新作为引领经济发展的第一动力，面向世界科技前沿、面向经济主战场、面向国家重大需求、面向人民生命健康，全面创新，培育先发优势，推动经济发展和社会进步，使国家向科技强国跃升。

（二）创新驱动发展理论的形成与发展

纵观创新驱动发展的有关理论成果，无论在政策领域还是在学术领域，都涉及约瑟夫·熊彼特（Joseph Alois Schumpeter）的“创新”概念和迈克尔·波特（Michael Porter）的“创新驱动”概念。

“创新”这一概念最早是由美籍奥地利经济学家约瑟夫·熊彼特提出的，他在 1912 年出版的《经济发展理论》一书中对其概念进行了明确的表述：创新是建立一种新的生产函数，即把新的生产要素和生产条件的新组合引入生产体系。他还将这个经济学意义上的概念概括为五个方面：①采用一种新的产品；②采用一种新的生产方式；③开辟一个新的市场；④原材料或半成品的一种新的供应来源；⑤实现任何一种工业的新的组织。在这一系列的创新活动中，涉及了技术创新、管理创新、市场创新等多个领域。由于熊彼特对“创新”概念进行了最早的表述，因此可以说他是创新理论的提出者或鼻祖。

“创新驱动”的概念最早是由美国战略学家迈克尔·波特提出的。他以钻石理论为研究工具，以竞争优势理论检视经济表现，并从竞争现象中分析出经济的发展过程。在此基础上，迈克尔·波特提出了国家经济发展的四个阶段，即生产要素导向阶段、投资导向阶段、创新导向阶段和富裕导向阶段。导向即驱动之意，创新导向即创新驱动之意。

从四个阶段的关系链看，首先要清楚的一点是，在创新驱动阶段，创新成为推动经济增长的主要动力，但不能摆脱生产要素驱动和投资驱动来单独谈创新驱动。所谓创新驱动，按照迈克尔·波特的理解，企业除了要完善生产技术和生产方式，还要对这些生产技术和生产方式进行持续的创新，使其成为其他新产业的原动力。

创新驱动发展战略是符合我国经济可持续发展情况的战略，它不仅具有时代特色，而且具有中国特色。它是在我国不同阶段发展起来的，汇集了多代领导集体的创新智慧。以毛泽东同志为核心的中央领导集体，在革命与建设的发展过程中提出了向科技进军、发展尖端科技、赶超世界先进水平的创新、积极培养科技创新人才等一系列创新思想。改革开放以来，以邓小平同志为核心的中央领导集体，以全局的意识在科学技术发展方面提出了“科学技术是第一生产力”的著名论断，深刻分析我国发展的历史机遇，敏锐地把握住了时代发展的命脉。以江泽民同志为核心的中央领导集体，在科学技术发展方面提出了科教兴国战略以及强调科技进步与创新的关系等具有远见的科技发展思想，准确地分析和把握世界科学技术发展的趋势，丰富和发展了邓小平同志的科技创新思想。以胡锦涛同志为核心的中央领导集体，在继承前人创新思想的基础上，形成了以科学发展观为基础的创新理论体系，在 2012 年的全国科技创新大会上提出了创新驱动发展战略，并在中国共产党第十八次全国代表大会上强调实施创新驱动发展战略。当前，以习近平同志为核心的党中央集体对创新理论不断地进行深化和发展，极大地推动了我国经济的持续健康发展。

历史上的每一次理论创新，都在一定程度上体现了社会的发展与进步。创新理论的发展是全面的发展、科学的发展、与时俱进的发展，是与前人创新成果一脉相承的。因此，有必要对创新理论进行了解，不断探索创新发展的道路。创新的发展史是创新的历史进程。创新发展是联系的发展，创新理论是实践基础下的理论创新。正是在这样的背景下，创新思想不断继承和发展，才有创新驱动发展战略指导我国经济社会的可持续发展。

（三）创新驱动与人才驱动

世界上的任何一项发明创造，无论是微小的渐进式创新，还是巨大的颠覆式创新，都离不开人的努力。人才是创新的核心和根本。2015 年 3 月 5 日，习近平总书记在参加十二届全国人大三次会议上海代表团审议时指出：“人才是创新的根基，创新驱动实质上是人才驱动，谁拥有一流的创新人才，谁就拥有了科技创新的优势和主导权。”“创新驱动实质上是人才驱动”这一科学论断，从哲学的高度对创新与人才的关系进行了深刻的概括，具有重要的哲理意蕴。

科技是第一生产力，创新是第一驱动力，这已经成为全社会的共识。创新人才是生产力和驱动力之间的“引擎”。实践表明，面世的那些最核心、最先进的创新成果，背后都有一些顶尖的创新人才在引领。要使人才在创新驱动发展中发挥价值，实现创新驱动发展，必须更加突出人才的引领作用。创新活动可以说是一种高等的智力游戏，只有懂游戏规则的创新人才才能推动科技的发展和进步。推动科技创新发展，首先要重视创新人才的发展，形成“尊重劳动、尊重知识、尊重人才、尊重创造”的科学人才观，不断凝聚人才，优化人才环境。要完善创新人才评价体系，优化创新人才资源配置，积聚力量，统筹协调。要利用“创新人才共同体”智力资源库的优势，明确不同创新主体在创新中的角色定位，激发创新人才的创新活力，夯实创新发展的基础。

创新驱动，从根本上说就是要重视人才在创新中的能动作用，激发人才的潜能，从而实现人才的全面发展。企业创新发展的过程中，要把创新人才资源放在企业创新发展的首要地位，在实践中发现他们、培养他们，并激励他们、留住他们，打造具有创新精神、创新思维、创新能力以及敢于冒险、愿意承担风险的创新人才队伍。创新发展以人才发展为本，人才发展以实践为路径。

四、企业创新人才的界定

创新人才是企业发展的核心资源。对“什么是企业创新人才”以及“他具备什么样的特征”等基本问题的梳理和把握，有利于企业更有针对性地识别、培养和使用创新人才。下面，笔者将从企业创新人才的定义、分类和基本特征等三个方面进行分析。

（一）企业创新人才的定义

首先，对人才及创新人才的概念进行梳理和阐述。什么是人才？我国著名的人才学家王通讯从人才学角度给出了比较严格的定义：人才就是为社会发展和人类进步进行了创造性劳动，在某一领域、某一行业或某一工作上做出较大贡献的人。2010年，中共中央、国务院印发的《国家中长期人才发展规划纲要（2010—2020年）》把人才定义为：具有一定的专业知识或专门技能、进行创造性劳动并做出贡献的人，是人力资源中的能力素质较高的劳动者，是经济社会发展的第一要素。

从以上定义可以看出，人才具有创造性。“人才”冠以“创新”，即创新人才。创新人才就是具有创新意识、创新精神，并能够通过相应的创新能力取得创新成果的人才。也有学者认为，创新人才指具有创新意识和创造能力，从事创造性活动，并能为社会和组织创造价值和贡献的人才。目前，理论界对创新人才的界定还没有形成共识，但其基本内涵差不多。总的来说，创新人才就是具有创新思维、创新能力等综合素质，并从事创造性活动，取得创新成果的人才。

接下来，结合创新人才的内涵对企业创新人才进行阐释。企业创新人才，顾名思义，是企业中具有高素质和创造力的创新人才集体。不同的企业具有不同的人才需求，对创新人才的界定也会有所区别。但大部分企业都看重企业的经济效益和人才的实用价值，认为创新人才是那些能为企业创造巨大价值的人才。笔者认为，企业创新人才是指企业整体环境中不同部门的创新人才合体，包括技术创新人才、管理创新人才、市场创新人才等，他们具有创新思维、创新能力、创新素质，从事创新创造活动，并能为企业的发展带来巨大的经济效益。

（二）企业创新人才的分类

创新的主体是人才。企业创新的类型是进行企业创新人才分类的依据。20世纪70—80年代，有国外学者提出了创新的“双核心理论”，认为企业创新主要分为技术创新和管理创新两类。现代管理学之父彼得·德鲁克把创新分为产品创新、管理创新和社会创新三类。保罗·特罗特（Paul Trott）认为，技术创新可能伴随着更多的管理和组织变革，他把创新分为产品创新、流程创新、组织创新、管理创新、生产创新、商业/营销创新、服务创新七类。约翰·贝赞特（John Bessant）和乔·蒂德（Joe Tidd）合著的《创新管理》，则把创新的多种形式简化为产品创新、流程创新、定位创新、范式创新四个维度。许庆瑞提出了以技术创新为核心的组织创新、市场创新、战略创新、管理创新、文化创新和制度创新等全要素创新。

笔者参考国内外学者对创新的分类，结合企业的实际情况，把企业创新分为技术创新、管理创新、市场创新三类。这三者相互联系，贯穿企业创新的整个过程，是企业创新的闭合循环有机体，其他种类的创新可以大致归于它们之中。

企业的技术创新会引起管理方式的变革，即管理创新，同时也会推动企业市场模式、市场理论等的创新，即市场创新。反之，市场创新人才根据市场信息、顾客需求等反馈信息，提出改进技术层面创新和完善管理层面创新的建议，也决定着技术创新的内容和方向。管理是贯穿整个企业发展过程的一门技艺。可以说，技术创新是创新的发动机，管理创新是创新的安全带，市场创新是创新的方向盘。从要素层面可以把技术创新、管理创新、市场创新分为两大类：一类是技术创新；另一类是非技术创新，主要有管理创新、市场创新两大要素。在企业技术创新过程中的技术与非技术要素的有效协同是提高企业创新绩效的关键。技术创新、管理创新、市场创新这三类创新的协同，主要体现在研发、管理和市场部门之间创新工作的协调配合，它们非线性的组合能实现单一要素所不能实现的协同效应。

创新发展以人才为本。企业创新依托于创新人才的智力因素。根据对企业创新的分类，可以把企业创新人才分为技术创新人才、管理创新人才、市场创新人才三类。

企业创新类型及其对应的企业创新人才类型构成了一个创新系统。企业创新人才系统包括技术创新人才、管理创新人才、市场创新人才三个子系统，它们构成了“创新人才共同体”。

1.技术创新人才

技术创新是企业创新的核心，其重要依托是技术创新人才。学者傅家骥认为，技术创新是企业抓住市场的潜在盈利机会，以获取商业利益为目标，重新组织生产条件和要素，建立起效能更强、效率更高和费用更低的生产经营系统，从而推出新的产品、新的生产（工艺）方法，开辟新的市场，获得新的原材料、半成品供给来源，或建立企业新的组织的过程。企业技术创新是以获取商业利益为目标的科学研究行为和企业活动行为，是降低企业生产成本、提升企业经济效益的重要前提。因此，技术创新人才就是以企业发展为目标，能为企业创造新的技术、产品，掌握着技术发展方向的创新人才。

2.管理创新人才

管理是管理者为了实现组织目标、个人发展和社会责任，运用管理职能进行协调的过程。管理职能包括决策、组织、领导、控制、创新等职能。管理本质上就是协调，协调是运用各种管理职能的过程。管理的本质职能是创新，贯穿于企业管理的整个过程。不难发现，许多管理人员之所以能取得成功，是因为他们在管理方面有创新的理念、创新的实践行动。所以，企业要实现在管理方面的创新，就要把管理的各种要素、资源进行新的组合，并把它们引入企业这个创新系统中，以更好地实现企业目标。

由于科学技术发展迅猛、市场变化莫测、竞争日益激烈，管理者遇到的不确定性问题、非程序性问题也逐渐增多。这对管理者提出了新的挑战，需要管理者创新管理的方式方法和整合资源，以达到企业创新的目标，降低成本，提高效率，提升管理水平，增强企业整体的创新能力。因此，管理创新人才就是指在管理理念、管理行为、管理理论等方面进行创新，以企业发展为目标，促进创新不断顺利进行的创新人才。

3.市场创新人才

创新成果有萌芽、发展、成熟、衰退的生命发展过程。只有不断进行创新，才能实现企业的长远发展。市场创新是企业创新发展过程中的活力之源。市场创新是企业为了适应和利用市场环境、遵循和运用市场发展规律而进行新市场开发的创新活动，其中也包括为了更好地开发新市场而进行的消费者需求识别和分析，围绕消费者需求进行的产品及服务方式创新，以及新市场开发过程中的营销、执行等活动。因此，市场创新人才就是指在企业创新发展中不断进行市场发现、消费者识别、服务创新的创新人才。市场创新是企业创新的最后环节，也是下一次企业创新的开始环节。

（三）企业创新人才的基本特征

目前，学术界和企业界对企业创新人才的基本特征并未形成统一的认识。但从客观上说，他们是在具体情境下进行的分析研究，对于我们现在的研究具有一定的参考和借鉴价值。

具有代表性的观点有：席雪红在对企业创新人才进行调查的基础上认为，企业创新人才应该具备学习能力、团队沟通能力与协作能力、良好的心理素质、强烈的事业心，勇于冒险和追踪学术前沿。王文平从人才本身、企业表层和文化层面指出，企业创新人才应具有独特的创新思维、创业精神、吃苦耐劳精神、团队精神和学习钻研精神，他们主要存在于企业的领导层、管理层以及高级技术人员和高级操作工人中。伍玉林、王剑峤分析归纳了企业创新人才应具备的基本特征：具有较强的创造能力、独特的创新精神和坚韧的创新意志，善于发现问题，思维灵活，综合素质较高，具备特殊的战略视野，观察力较强，具有丰富的创新知识。可以将其概括为：创造能力、创新精神、创新意志、创新思维、创新素质、创新视野、创新观察、创新知识等八个方面。李倩文、晏敬东认为，企业创新人才主要具有四个特征：思维发散，拥有敏锐的洞察力，具有扎实的专业知识基础，意志力强。

综上所述，企业创新人才协同培养的核心就是培养创新人才的综合品质，如创新素质、创新能力、创新思维等，激发创新人才的潜能。企业创新人才的创新素质和创新能力是构成企业核心竞争力的基础，企业创新人才的基本特征包括创新素质和创新能力两个方面。

1.创新素质方面的特征

一是要具有创新的思维。这是创新人才最为核心的素质特征，表现为勇于批判、敢于怀疑、突破传统思维、思维动态灵活等。创新思维有助于科学方法的掌握和创新活动的开展。只有具有创新思维的创新人才，才有资格被称为创新人才。

二是要有良好的创新人格。要坚定创新目标，敢想敢干，具有坚忍不拔的毅力和较强的承受力，勇于开拓进取，面对困难不退缩。爱因斯坦曾在悼念居里夫人时明确指出人格的伟大对一个人取得成就的重要意义。因此，创新人才要有鲜明的人格特征，在认知上有自己的独到见解，有着较强的成就机制，敢于去尝试新鲜的事物。

三是要有创新的科学精神。罗伯特·金·默顿（Robert King Merton）在《十七世纪英格兰的科学、技术与社会》中提出，“科学的精神气质”即“有感情情调的一套约束科学家的规则、规定、习俗、信仰、价值和预设的综合”，“普遍性、公有性、无私利性、有条理的怀疑论构成了现代科学的精神气质”。有学者认为，科学精神主要包括求真的理想精神、执着的敬业精神、竞合的包容精神等。

2.创新能力方面的特征

一是要有丰富的专业知识和一定的知识储备。拥有一定的知识储备，是企业创新人才发挥创新能力不可或缺的条件。企业创新人才要以创新领域的专业知识为支撑，综合运用相关的科学知识、人文知识等，形成一个有层次的整体知识系统。

二是要有较高的判断问题、探索问题的能力。科学始于问题，发现问题比解决问题更为重要。爱迪生发明电灯、瓦特发明蒸汽机、牛顿发现万有引力定律等实例无一不证明判断问题、探索问题的能力对于创新至关重要。

五、企业创新人才协同培养的概念、主客体及其理论基础

（一）企业创新人才协同培养的概念

企业创新人才协同培养以企业为培养主体，以不同部门的创新人才（包括技术创新人才、管理创新人才、市场创新人才等）为协同客体，指的是企业以指挥者角色在创新过程中充分激发、调动“创新人才共同体”的智力资源，使他们在创新实践过程中发挥协同价值，实现创新人才的全面可持续发展。

企业创新人才协同培养能够对技术创新人才、管理创新人才、市场创新人才等企业内部不同部门的创新人才进行创新素质、创新能力等方面的培养提升，它是对创新人才资源的优化配置，以提高创新协同效益为主要目的。

（二）企业创新人才协同培养的主客体

1.协同培养的主体：企业

企业作为协同培养的主体，是企业系统的“巨手”，能掌控企业宏观发展

方向。为了说明协同培养主体是企业的问题，在这里引用平衡计分卡创始人罗伯特·卡普兰（Robert S. Kaplan）、戴维·诺顿（David P. Norton）第四部力作《组织协同》中的开篇事例，以更为形象地解释“协同培养”的内涵。在企业创新人才的协同培养中，企业就是“舵手”，引导企业创新人才朝着共同的方向进步和发展。大多数企业并没有协同内部资源的意识。企业中可能不缺创新人才，各个部门都有专业知识丰富、创新能力强的创新人才。但是，每个部门之间并没有产生协同效应，最多就是各个部门完成各自的工作任务，互不影响。而企业的整体效益是在各个部门协同合作的情况下产生的，并不是各部门业绩的简单相加。各部门之间的资源、信息共享也存在交流不畅、合作不顺等问题，有可能因此而丧失一个原本可以取得更高经济效益的商机。因此，内部协同对于企业来说不仅能促进合作，而且能产生协同效应。

企业是直接的用人主体，对人才的需求和发展情况有一定的了解，因而在人才的培养方面也就更具针对性、实用性。企业是市场经济的主要参与者，也是产业转型升级的实践者，应以企业为载体，积极培养企业创新人才。企业具有多方面的优势，如技术层面的优势、信息资源方面的优势、市场方面的优势等，为创新人才协同培养提供了难得的条件保障。企业应该做一名“舵手”，指导企业不同的创新人才为共同的创新目标发力冲击，发挥创新实践中的协同培养作用。

2.协同培养的客体：技术创新人才、管理创新人才、市场创新人才

随着企业规模的不断扩大，为了更好地分工作业，企业划分了不同的部门，以此推动企业的发展。不同的部门因其所拥有的资源不同而需要相互合作。笔者从宏观上选择了技术、管理、市场三个层面的人才进行研究。技术创新人才、管理创新人才、市场创新人才分别属于技术方面、管理方面、市场方面相关的部门。如果绝对地把这三种创新人才划分到技术部门、管理部门、市场部门，显然不够严谨。企业创新人才各子系统拥有各自的资源优势和劣势，拥有各种

专业技能的人才相对较少。因此，在创新活动中，协同合作也就成了创新发展的必要环节。

技术创新人才、管理创新人才和市场创新人才因其专业素质、能力不同而分别属于不同的部门，他们具有不同的创新特质和不同的专业优势等。企业创新发展具有动态性、不确定性，协同培养也就是要在多变的环境中发挥创新人才的整体实力。正所谓“一根筷子容易折，一把筷子难折断”，人才的汇聚协同能量是巨大的。企业创新能否顺利开展、创新效益能否得到保证，很大程度上取决于企业不同创新人才资源共享和协调合作。不同的创新人才可以通过协调合作产生思想上的碰撞。因此，企业应该对他们进行创新协同意识的培养，打破过去他们的分散状态，实现创新资源在共同目标上的互享，进而为企业带来更大的价值。

（三）企业创新人才协同培养的理论基础

协同学理论是企业创新人才协同培养的重要理论基础，对企业创新人才协同培养具有一定的导向作用。协同学理论是物理学领域的理论，它在建立和发展的过程中不断走向新的领域，如在生物学、社会学、哲学及管理学等领域也实现了纵深的推进与发展。协同学理论通过研究不同事物的共同特征及其协同机理而得出普遍性的理论，在一定程度上也具有普遍的适用性。

协同学理论也称为“协同学”。“协同学”即“协调合作之学”，是关于系统中各子系统之间相互竞争与合作的一门新兴科学。协同学理论的创始人是德国著名理论物理学家赫尔曼·哈肯（Hermann Haken），他在20世纪60年代首次提出了“协同”的概念。这是实践基础上的重大理论创新。协同学研究的是远离平衡态的开放系统，并在保证与外界进行物质、能量或信息交换的条件下，通过各子系统之间的相互协作和竞争，系统自发地从无序向有序转变，最终形成一种新的更高水平的有序结构或功能行为。客观世界中存在性质不同的系统，各系统内部的子系统性质也不尽相同，这就为协同创造了先天条件。

赫尔曼·哈肯从矛盾的特殊性中寻找普遍性，从个性中揭示共性，认为各子系统所构成的系统在结构上的质变行为，即旧的结构突变为新的结构的机理是类似或相同的。通过大量研究，他概括了不同系统中有序结构形成的共同特点，即一个由大量子系统构成的系统，其子系统之间会在一定条件下通过非线性的相互作用产生协同现象和相干效应，使系统形成有一定功能的有序组织结构，在宏观上便形成了时间结构、空间结构或时空结构，从而出现新的有序状态。也就是说，系统内部旧有的无序混乱状态变成了新的有序结构状态。

协同学博大精深，包括协同效应、自组织原理、支配原理等理论知识。

1.协同效应

所谓协同效应，是指复杂的系统在开放状态下，各子系统相互协调合作而产生的整体非叠加效应，即“1＋1＋1＞3”的效应。任何复杂的开发系统在与外界进行物质、能量、信息等的交换时，很难保持系统的原有状态，各子系统之间会在与外来物质、信息、能量的交换下，聚集到某个临界点，产生协同作用，并使系统发生从无序到有序的转变。由于系统是由很多因素组成的，因此它的内部存在着支配与从属、控制与被控制等矛盾。正是这些矛盾，推动系统从旧的结构向新的结构发展。

企业创新人才是一个开放的系统，具有非线性和非平衡性等特点。在企业创新活动中，不同部门的创新人才具有创新协同成长的必要性和可行性。他们之间的相互交流、相互协作，能产生企业创新人才单一个体不能实现的创新经济效应。

2.自组织原理

所谓自组织原理，是指系统在没有外部指令的条件下，其内部子系统之间能够按照某种规则自动形成一定的结构或功能。开放性是自组织现象产生的关键条件。在外部多方流动势能的复合作用下，各子系统通过协同关系不断适应外界环境变化，利用自我适应、自我成长、自我实现等自组织特点形成新的时间、空间或功能等有序结构。

企业创新的环境是在不断变化的，因此企业创新面临很多不确定性因素。由于企业创新人才系统处在变化的环境中，因此需要对技术创新人才、管理创新人才、市场创新人才等子系统进行协同培养，以使他们不断适应新的环境，处于一个动态的系统发展过程。企业创新人才协同培养，可以优化创新人才的素质结构，提高创新人才的综合素质，增强创新人才的创新创造能力，实现企业的创新目标。企业创新人才协同培养，就是企业根据整体情况对系统的一次资源配置，也是各系统之间的自组织过程。

3.支配原理

支配原理也称伺服原理，简单地说就是快变量服从慢变量，或慢变量役使快变量、慢变量支配快变量。在系统中存在两种变量，即快变量和慢变量。快变量在系统演化中不起明显作用，且在系统状态演变到临界点时，其作用逐渐消失；而慢变量在系统演化中起关键作用，且在系统演变到临界点时，成为支配系统演变的序参量。序参量产生于子系统之间的协同作用中，控制着整个系统的演变方向并支配着子系统的行为。序参量通过其主导作用使整个系统演变成为更加有序的新结构状态。赫尔曼·哈肯借助序参量来解释系统的有序演化进程和内在机制，它在某个系统演化过程中经历了从无到有的过程，最终能够反映新结构的有序程度。

在创新人才系统内部协同过程中同样存在不断变化的状态变量。当系统靠近临界点时，创新人才子系统之间的关联会逐渐增强，最终序参量会主宰系统演化的全过程并支配和决定系统中其他慢变量的行为。

第二节　企业创新人才协同培养的障碍及制约因素

一、企业创新人才协同培养的障碍

企业创新人才协同培养是在多要素条件下进行的一种社会性活动。在企业中，阻碍企业创新人才培养的因素很多。下面笔者将从观念、制度和文化三个方面对协同培养的障碍进行分析：

（一）观念障碍

企业中有些管理者的观念落后，是制约企业创新人才协同培养的主要因素。很多企业的管理者还存在陈旧的传统观念，认为人才培养对于企业来说不仅具有投资风险，而且是一种资源浪费，所以不需要在人才培养方面投入太多的精力和资金。有的企业在研发方面减少投入、缩减开支，较为注重市场活动的开展，其根本原因是对人才不够重视，对研发失去耐心。企业加大对人才培养的力度，是企业发展的必经之路。以前，企业的培养模式单一，培养内容也不实用。从领导层面看，要想改善企业创新人才的培养效果，企业领导就要支持创新，通过加大投资力度推动人才培养，考虑人才发展对企业可持续发展的重要性。

大部分企业存在一种降低人力资源成本的“逆向需求”，人才培养机制缺失，认为只要企业人才能干活、能够胜任自己的工作，就没有必要去培养人才。就目前而言，一些创新型企业并不注重人才的培养，在具体的人才管理方面，效果也不是很理想。有些企业的管理者对于创新人才并没有一个清晰的认识。由于对创新人才的概念认识不清，企业对创新人才的培养也就没有明确的方向和目标。企业作为以追求经济效益最大化为目标的实体组织，重技能培养，轻知识、素质等方面的培养。之所以重技能培养，是因为企业想在短期内实现利润目标，而知识、素质等的培养是一个长期的过程，时间成本较高。这种急功近利的培养方式，不利于创新人才想象力、创造力的发挥，扼杀了创新人才的创新能动性。

（二）制度障碍

制度是思想观念的外在表现和具体化。制度规范激励人才活动，促进和保障创新发展理念的贯彻落实。由于缺乏创新人才的保障机制，企业无法留住更多的创新人才，这大大削弱了企业在发展过程中的创新力量和市场竞争力，阻碍了企业的发展。企业之间的竞争，是科学技术的竞争，但归根结底是人才之间的竞争。如果一个企业缺少创新人才，那么这个企业的发展就会失去核心力量。因为存在机制不健全等问题，所以很多企业在培养创新人才方面还存在很多制度障碍。有些企业以前形成的管理机制已经不适应企业当前的发展需要，严重制约了创新人才的工作积极性。企业创新人才协同培养，需要加快机制建设，更新人才发展观念，消除机制在人才发展方面的障碍，探索新的培养方式并进行制度创新。

优化创新驱动发展战略下的创新人才协同培养机制，需要企业不同部门的共同参与和多方联动。要加强沟通，增进互信，破除制度上的相关障碍，建立人才培养的长效机制。要充分结合自身优势资源和发展需要，探索创新人才协同培养的有效路径，促进创新人才的全面发展。

（三）文化障碍

文化是企业创新人才的精神动力。缺乏精神动力的企业不利于创新人才创造才智的充分发挥。创新的文化因素中存在两种对立的文化因素，只有扬优弃劣，才能滋养创新的土壤。可以说，一部科技创新的发展史，也是一部创新文化的发展史。没有创新的文化环境，企业就无法培养出创新人才。

我国的传统文化底蕴深厚，偏重群体发展，重视人的共性，强调中庸，这虽然有好的一方面，但在一定程度上并不利于创新。它忽视了人的个性发展，求同排异，阻碍了新事物、新思想的产生。另外，我国自古以来是一个礼仪之邦，也被称为“人情社会”“熟人社会”。在科技创新中，良好的人际关系是必要的，但科技创新需要创新人才秉持质疑的精神对科技知识进行掌握和转化，如果仅仅因为情面而放弃质疑求真，创新人才的创新性就会被扼杀，他们就会失去探索精神，无法创新。

二、制约企业创新人才协同培养的因素

制约企业创新人才协同培养的因素有很多，笔者主要从观念、制度、文化等三个层面进行分析：

（一）狭隘的用人育人观念

知识经济时代的本质特征是创新，以往狭隘的用人育人观念已经跟不上时代发展的步伐，不适合企业的创新发展，在一定程度上阻碍了创新人才价值的实现。创新人才是企业最重要的资源，但是很多企业并没有从根本上改变用人育人的狭隘观念，认为对人才培养的投入并不能给企业带来实际的财富，反而存在风险。在短期利益的驱动下，企业并不看好从企业内部培养创新人才，更愿意从外部引进创新人才，需要什么人才就从市场上招聘或从对手那里挖掘，对于培养创新人才这一长期工程缺乏兴趣和动力。殊不知企业内部培养的创新人才对企业有更强的责任意识，更能充分利用企业各方面的现有资源，实现创新资源的最大化利用，与其他创新人才协调合作。

转变用人育人的狭隘观念以及创新人才培养和使用的方式，是创新型企业持续发展的有力保障。从短期来看，企业实施创新人才的内部培养并不能很快

获得收益，也存在一定的人才流失风险。创新人才的培养包括知识的转移与创造两个过程：知识的转移是对原有知识的应用过程，知识的创造是对知识的深化和创新过程。创新人才培养的过程就是知识的转移与创造合一的过程。培养过程具有长期性、系统性，也就必然存在风险性。

企业的管理者是指导企业创新人才协同发展的“指挥手”，是企业组织中的典范，掌握着企业决策权，应具有创新时代的企业家精神。德鲁克认为，创新是企业家特有的工具，企业家精神的本质是有目的、有组织的系统创新。企业管理者应摒弃狭隘的用人育人观念，引导创新人才树立创新的意识，尊重人才、尊重人格，发挥创新人才的积极性。

（二）人才培养机制不健全

企业的持续创新，在于着力解决创新人才的动力问题。而制度因素是企业运行发展的内在因素。制度的创新往往是通过体制和机制的创新来实现的。体制讲的是结构，制度讲的是程序。企业创新需要以健全、完善的规章制度为基础，也就是说，健全、完善的机制是推动创新的重要力量，不健全的机制会阻碍企业创新。人才培养机制是指参与培养工作的不同层级、不同部门的组织和人员之间相互作用、协同合作的过程和方式。很多企业对创新人才的培养缺乏长期的规划，培养机制不健全，阻碍了企业内部创新人才的培养。企业人才的培养计划大多由企业高层决定，主要依据是产品的市场需求或常规性的企业行为，他们往往会忽视企业的发展战略和创新人才的实际需求，导致培养资源的极大浪费。

从个体层面来讲，对于素质高、能力强、贡献大、影响远的创新人才，应给予充分的重视，在资源配备、权益保障、激励手段等方面应给予政策上的支持。在他们发表科研论文时应给予奖励，在他们取得科研创新成果时应给予物质和精神双重激励，在专利申请方面也应为他们提供便利。从团队方面讲，要充分考虑团队成员贡献的大小，合理分配成果，提高团队的凝聚力，推进核心技术协同攻关。企业创新人才协同培养，是在团队协同基础上的培养，遵循创新人才个体发展和团队整体发展的辩证统一。企业创新人才协同培养，从企业内部来说，一方面创新发展了人才培养模式，另一方面也丰富了机制的建设内涵。从企业外部来说，要完善企业创新人才引进机制，为创新人才培养提供基础，制定和实施对创新人才有强大吸引力的政策和制度，为创新人才的协同培养提供保障机制。

因此，企业协同培养创新人才，应该建立并完善创新人才协同培养机制，寻找合适的切入点和结合点，在不同协同客体之间建立一种长期的协同关系，在资源共享上探索新路径和新办法，加强机制建设，促进创新人才的大量涌现和创新价值的发挥，积极推进企业创新人才培养模式的改革和创新。

（三）创新文化建设不到位

创新型企业需要文化加以激励和导向，助推企业的持续发展。内涵丰富、个性独特的创新文化有利于企业的创新，更有利于推动创新人才培养工作的进行。在很多企业看来，在经济效益低迷期，应提高市场占有率，进行人才培养是一种不切实际的行动。这是创新文化建设不到位的表现，这些企业忽略了“以人为本”的价值取向。创新文化没有形成，会限制企业创新能力的提高。很多企业的创新工作只属于技术研发部，与其他部门如市场部、管理部等无关，因此部门之间的配合较少，团队协作创新的理念缺乏，以致给协同培养创新人才的培养造成障碍。

在大部分创新型企业的文化建设中，普遍存在以下问题：注重文化形式，忽略文化内涵；文化建设偏离实际；照搬企业文化，缺乏创新性和个性化；企业文化建设与企业制度建设隔绝；等等。在企业的发展过程中，应把企业的文化转化为创新人才的共识和内在力量，而不是打着创新的口号、挂着创新的配置，片面追求形式，忽视文化的真正价值和内涵。这样既激发不了创新人才的创新欲望，也凝聚不了创新人才队伍。

企业创新人才协同培养，不仅要加强企业创新文化的建设，也要加强企业协同文化的建设。创新文化对企业创新人才具有一定的凝聚作用、导向作用以及协调作用。中国科学院认为，创新文化是一种形态，简而言之就是有利于创新的文化、能够激励创新的文化。创新文化是有利于开展创新活动的一种氛围，是科技活动中产生的与整体价值准则相关的群体创新精神及其表现形式的总和。科技创新呼唤创新文化。在创新型企业发展的过程中，要大胆创新，敢于质疑，发扬科学精神。科学精神是创新文化的核心要素。

企业创新人才协同培养，需要一种能促进不同创新人才协同发展、协同创新的文化，即协同文化。企业创新人才协同培养，就是培养他们合作创新、主动创新、融合创新的能力，改变他们的个人主义，发挥整体效益。协同文化能激发不同创新人才的工作积极性，引导他们朝着目标努力，使创新活动取得事半功倍的效果。此外，协同文化是与创新文化相统一的。协同文化是建立在创新文化基础上的一种新型文化形态。

第三节　创新驱动发展战略下企业创新人才协同培养的机理

一、观念层面

“创新驱动实质上是人才驱动”这一科学论断，不仅指出了创新与人才的关系，而且道出了创新驱动发展战略下企业创新人才协同培养的重要性。创新人才是企业发展的第一资源，这日益成为企业的共识。随着创新实践的深入，创新人才协同培养将成为企业的一种自觉行为，也将成为企业在有限创新人才资源下无限扩大其协同效应的普遍观念。加大企业创新人才资源的培养力度既是企业的一项战略选择，也是创新驱动发展中全面创新的应有之义。

（一）转变观念，重视创新人才协同培养

随着创新驱动发展战略的纵深推进，企业对创新人才的需求量不断加大，对创新人才的素质要求不断提高。引进创新人才有时确实能解决当下的问题，但是企业绝不能忽视创新人才内部培养工作。创新驱动发展战略背景下，转变人才培育观念正当时。创新人才资源是企业的一种优质资源，处于金字塔的顶端。要想更好地培养创新人才，就要把有限的资源协同起来，发挥创新人才的整体价值，实现其协同效应。

创新人才是企业的重要人力资本，企业要转变人才培育观念，从战略层面重视企业创新人才的协同培养。首先，企业可以利用现有的人才资源，发挥其最大的协同创新能力，充分开发现有人才的创新宝库。企业要实现“人才强企”，就要发挥企业内部人才培养的作用，在企业内部以协同培养的方式释放企业人才资源的能量。其次，在引进创新人才后，要营造良好的创新生态环境，使已有的创新人才和新引进的创新人才在工作上协调合作。在新鲜血液刚注入企业中时，难免会出现排斥现象。企业协同培养的目标之一就是从创新环境、制度建设等方面提供支持，促进创新人才之间的协同工作。最后，企业要制定好的政策。与一般的人才资源相比，创新人才资源更看重创新环境、发展平台等，好的政策是一个重要的吸引点。也就是说，企业在人才培养方面要从观念的转变落实到制度层面上来，创造良好的创新制度环境以及人文环境。

从根本上说，企业之间的竞争更多地体现在创新人才之间的竞争。有的企业不惜重金挖掘创新人才、培养创新人才，充实企业的创新人才资源。企业创新人才的整体实力以及业务能力，在很大程度上影响着企业的发展水平。从战略方面讲，要对企业创新人才培养有足够的重视，注重对企业创新人才的协同

培养。企业创新的过程就是企业不断创造利润、实现可持续发展的过程。企业创新活动是一个复杂的过程，实现创新目标需要融合不同的智慧才能，也需要企业创新人才具有较高的综合素质与能力。因此，必须将企业创新人才培养提高到企业战略层面，针对所有的创新人才提出基于创新思维、协同意识和创造能力的创新人才培养战略规划。企业的发展离不开高素质的创新人才资源的配置，如何吸引更多合适的人才，并在实践中不断加以培养，保持强劲的发展动力和智力支持，是企业要慎重考虑的问题。企业必须围绕战略目标进行管理，因此需要从战略上对人才进行培养。人力资源的优化配置，需要协调研发、管理、市场等各个部门，协同各个部门的创新人才，调动他们的创新创业积极性和能动性。

创新人才在企业发展中起着关键作用，企业高层要从战略高度重视创新人才的协同培养，转变人才培养观念，创新人才培养模式。企业创新人才协同培养，离不开企业人才结构的有序和稳定运行，离不开人才协同培养目标的引导。不同企业的发展目标不同，要根据企业发展战略对企业进行人才培养规划的修正，对技术、管理、市场方面的创新人才进行协同培养，形成有效的协同模式，实现企业创新人才系统的自组织功能。

（二）“创新人才共同体”在创新理念上的协同

“创新人才共同体”是指以技术创新人才、管理创新人才、市场创新人才为核心的创新人才组合体，他们以共同的企业目标和创新价值观，充分发挥各自的独特专业知识和技能，有着群体的内在规范和规则。创新理念是企业鼓励创新和支持创新的态度和观点。创新理念是创新发展的根本，也是创新驱动发展战略的动力源泉。企业创新人才要树立不断创新发展的理念，协同管理市场方面的力量，形成一股创新合力。创新理念协同要求企业创新人才随时随地都有创新意识、创新想法，并且愿意互相交流，达成协同创新共识。

协同意味着企业创新人才利益相关方建立一种和谐共事的关系，在这种关系中，双方至少具有倾听对方论述的意愿，以一种共赢的方式对待对方的观点和做法。在协同过程中，不同的子系统有着不同的资源禀赋。完成一个项目需要多方面的知识背景和才能，需要寻求不同创新主体之间的共生性和互补性。正是在这种情况下，不同的创新主体才具有协同的资本和协同的资源，协同才能成为可能。

（三）创新驱动对企业创新人才的素质要求

创新人才具有区别于其他类型人才的独特优势。企业创新是企业管理的一项重要内容，是决定公司发展方向、发展规模、发展速度的关键要素。从整个公司管理，到具体业务运行，企业的创新贯穿在每一个部门、每一个细节中。企业创新的目的是实现企业的可持续发展。

创新驱动的本质即人才驱动，人才是驱动之根本。创新意识是企业创新人才必须具有的。没有创新意识，就没有创新的可能。牛顿如果缺乏创新意识，就不会发现苹果落地背后隐藏的万有引力定律。在企业发展过程中，面对不同的情境，创新人才可以在创新意识的指引下发现创新的可能。企业创新人才要有强烈的求知欲、好奇心，敢于质疑，还要有不断探索的意识、首创意识，具备开拓创新精神。敢于创新、百折不挠的精神也是企业创新人才不可缺少的。创新是一个风险很大的过程，具有很强的不确定性。在创新的过程中，创新人才会遇到重重难题，需要攻坚克难。创新工作本身就是一种探索，因此企业创新人才必须具备良好的素质和顽强的意志。

除此之外，企业创新人才还要具备协同共创的精神，与其他创新人才协同合作、共同创新。在知识经济时代，知识更新速度快、融合度高，面对新科学、新技术，需要多方面的人才协调合作。因此，企业创新人才必须具有团队合作精神。

笔者认为，企业创新人才应该树立正确的人生观、价值观，具备一定的专业知识和技能，深厚的文化素养，优良的道德品质，较强的创新意识、创新精神和创新能力，以及较强的协同共创精神、团队合作精神。

二、制度层面

（一）制定适合创新人才协同成长的管理制度

在管理制度层面，企业要为创新人才营造一个宽松、自由、和谐的创新创业环境。通过采取科学的创新人才管理办法、灵活多变的激励方式，为创新人才发展提供良好的制度环境。邓小平曾说过："制度问题更带有根本性、全局性、稳定性和长期性。"创新人才是企业发展的重要人才资本，必须把创新人才的成长和培养作为全面推进人才队伍建设的重要抓手。如何协同培养、激励具有高素质的创新人才是企业必须思考的问题。企业要建立和完善对企业创新人才的各种考评制度，重视企业创新人才创新能力的培养和提升，使不同层面的创新人才脱颖而出，使创新人才在创新岗位上"人尽其才，才尽其用"。

企业发展的过程，也是协作状态改变的过程。一家成功的企业会经历"齐心协力—各自为战—抵触对抗—众志成城"的不同发展阶段，这个发展过程是意识不断强化的过程，也是从无到有的过程。实际上，如果企业把握得好，是可以跨越某些阶段的。企业要做好各个部门人才的定位工作，构建良好的评价导向机制，为创新人才的成长提供良好的外部协作环境。要加强不同部门之间的沟通、合作，从战略层面考虑问题。同时，企业的各级管理人员要树立正确的管理理念，增强协作意识。只有这样，企业才能顺利成长，不至于在市场竞争中被淘汰。

合理管理企业的创新人才，加强企业创新人才队伍建设，也是实现企业创新发展的保障。企业要构建良好的制度环境，制定适合创新人才协同成长的管理制度，注重创新人才的引进、培养、使用、激励等。使创新人才充分发挥其才智，是企业创新人才管理工作的最重要的目标。

（二）明确企业创新人才之间的权益分配

创新人才资源是一类特殊的资源，他们的创新能力不会随着使用而减弱，反而会随着使用而增强。也就是说，创新人才具有价值的增长性，其能力不会过时也不会消失。企业创新人才协同培养，就是通过创新人才各自独特的资源的交叉融合、共享，实现创新效益的最大化。简而言之，企业创新人才协同培养就是使创新人才资源共享。这种资源共享能促进创新人才之间的优势共享、劣势互补，综合企业创新人才现有的知识、资源等，使他们创造新的科技成果，为企业创新发展提供强有力的保障。

创新资源共享的情况下，企业创新人才的权益分配也存在很多利益归属矛盾。协同培养能否顺利进行也与创新人才权益的保障和分配是否合理有关。创新型企业属于知识密集型企业，创新活动中的主要力量是创新人才。同时，创新型企业的创新具有高风险、高收益等特征，比一般企业更需要高水平、高素质的创新人才。在企业的收益分配中，在强调保障人力资本公平的同时，更要考虑创新人才的需求是否得到了真正的满足。对于创新过程中的合作创新，权益归属、分配问题至关重要。所以，在企业创新人才协同培养中，要重视企业创新人才资源共享下的创新成果权益归属问题，以及由此带来的经济效益问题，提出合理的解决方案。

（三）建立创新人才跨部门协同机制

战略管理的鼻祖伊戈尔·安索夫（Igor Ansoff）把“协同”的概念应用于企业多元化问题的研究中，以此来分析和解决企业内部各要素之间的协同问题。所谓协同机制，是指通过整合各类资源，使组织各子系统协同发展以产生整体效益的工作方式与运作机理。创新驱动发展的背景下，建立企业内部跨部门的创新人才协同机制是创新人才协同培养的重要条件和现实选择。

1.建立跨部门创新人才发展资源共享机制

协同培养客体之间创新资源共享的要素主要包括协作载体、运作模式及体制机制等。构建企业“创新人才共同体”的协作载体，是实现企业创新资源共享的首要条件，也是企业创新人才协同培养的首要途径。在以创新为导向的企业组织中，建立跨部门交叉的矩阵式结构，形成不同职能部门的项目团队，是企业创新人才协同培养的重要方式。

由于创新项目的需要，企业会将来自不同部门的创新人才汇聚在一起，让他们一起研究创新项目。不同部门的创新人才会带来创新项目需要的各种物质资源，他们的专业技能和智力资源也能集合起来，进而发挥更大的作用。这种矩阵式结构的跨部门项目团队管理形式，不仅能够推动企业创新项目研究的进程，也将成为企业创新人才协同培养的孵化器。在这种企业组织架构下，创新人才执行创新任务的过程也是创新人才提升素质、能力的过程。围绕特定创新任务的执行，来自不同领域的创新人才需要经历建设性的合作和问题解决过程。在这个过程中，他们需要整合、应用不同的知识、经验和技能，他们个人的才能和集体创造能力将得到有力的提升。因此，企业应高度重视创新团队建设工作。在创新团队的组建中，要注意团队创新成员经验和技能的互补性，注意团队成员在相关技术、管理和市场方向的前期积累，要选出一个高智商和高情商的团队领导。

对企业而言，创新实际上就是解决问题的过程，也是创新主体集体互动和能力提升的过程。企业跨部门团队成员在创新过程中的协调搭配、同步互动，不仅有利于创新人才资源共享和转移，更有利于实现企业“创新人才共同体”协同效应。

2.完善创新人才协同培养的动力机制

在企业创新过程中，需要激励不同部门的创新人才交流、合作，形成适合创新驱动人才发展的协同机制。客观评价创新人才的创新绩效，并引进适当的激励机制，能激发创新人才参与创新活动以及人才培养活动的积极性。企业要在建立“创新人才共同体”的基础上，建立和完善促进人才协同发展的激励体系，在物质和精神层面鼓励创新人才参与创新活动并在实践中不断提升自己的能力。创新人才的培养应以市场为导向，注重企业整体发展。市场经济的开放性、竞争性是影响企业创新人才激励机制构建的关键因素，能够加速企业创新人才的流动。企业要结合市场经济的发展情况，不断完善创新人才协同培养的动力机制。

3.优化创新人才协同发展的管理机制

企业不同部门的战略规划有不同的重点，协同组织机构往往需要管理层面的宏观把控。企业管理层需要从战略层面对企业人才政策尤其是企业创新人才政策进行合理的设计，优化企业创新人才协同发展的管理机制。不断创新的企业，它的管理机制必须是科学合理、与时代相适应的。

三、文化层面

（一）构建企业创新文化与协同文化

文化是企业的灵魂。企业的文化与创新绩效有很大的关系。创新驱动发展战略下的企业创新人才协同培养，既需要构建企业的创新文化，也需要构建企业的协同文化。

创新文化是指有利于开展创新活动的一种氛围，是科技活动中产生的与整体价值准则相关的群体创新精神及其表现形式的总和。其基本要求是营造一种有利于创新的环境，如激励创新、崇尚创新的文化氛围。构建创新文化的根本目的是创造企业的未来。良好的创新文化能够推动科技创新，进而推动国家或地区的经济发展。美国著名的社会学家罗伯特·金·默顿（Robert King Merton）在对17世纪英国的科学发展情况进行研究时指出：“17世纪英格兰的文化土壤对于科学的成长与传播是特别肥沃的。”可以说，一部企业创新的发展史，也是一部创新文化的发展史。发展创新文化、培育创新精神，需要观念的支撑，更需要制度的保障。创新文化的构建，也需要企业在观念、制度层面给予支持。

创新文化在创新驱动发展战略的实施中具有重要的地位，为科技创新提供了所需的精神文化上的要素和相关的制度安排，成为科技发展的内在驱动力。谷歌创立了 20%自由时间工作制，工程师拥有 20%的自由时间去研究自己喜爱的项目，这直接促进了语言服务、新闻服务、谷歌地图上的实时交通信息服务等重大产品的诞生。谷歌给工程师提供了自由的创新环境，在这种环境里，工程师可以做自己感兴趣的事情。这种环境更有利于工程师的创新。20%自由时间工作制实际上也是一种创新文化，由此可见，构建企业创新文化有利于企业创新人才的创新。

协同文化的构建旨在建设一种促进企业创新人才协同发展和培养的文化。在当前的协同创新环境下，协同文化建设显得尤为重要。先进协同文化的培育，对于推进企业创新、加强企业创新人才协同培养具有重要作用。协同文化要求企业创新人才在创新的过程中与他人进行更广泛的交流和合作，要求企业创新人才具有创新的协同意识。

（二）营造适合企业创新人才成长的生态系统

企业创新人才的成长离不开良好的创新生态环境。创新人才的成长，关系到企业的长远发展。企业是创新人才的直接使用主体，要关注创新人才的引进、培养、激励、评价，促进创新人才健康成长。企业应充分利用各项政策引进创新人才，采取灵活多样的人才管理方式，为创新人才提供良好的工作环境和优厚的待遇。要建立系统的人才培养体系，为创新人才提供市场、知识、技术等方面的最新资源，鼓励并支持其深造，不断提高他们的创新能力。

环境对系统既有积极作用，又有消极作用。一方面，环境可以为系统提供资源，提供系统发展所需的各种条件；另一方面，环境也会给系统一定的压力，约束系统甚至阻碍系统的发展。不同的企业环境会塑造不同的创新人才系统。包容、开放的创新环境与创新活动是鱼与水的关系。美国硅谷宽容失败、包容异质思维的文化基因促进了硅谷事业的蒸蒸日上。硅谷拥有全球化的人员配置，各种文化背景的人才互通信息、互助发展，形成了高度开放的创新环境。

2013 年，清华大学施一公教授当选美国科学院外籍院士，引起了热议。从表面上看，这一事件反映了中美两国评选机制的差异；实际上，这一事件反映了中美两国创新文化的包容性的差异。美国科学院院士评选看重的是学术水平，它有一个更纯粹的“科学共同体”标准。而我国对院士的评选除了会考虑其学术水平，还会考虑其对国家的贡献等非学术因素。从科技大国迈向科技强国，营造具有开放性和包容性的创新文化是必不可少的。企业也要营造适合创新人才成长的生态系统，构建更具开放性和包容性的企业文化。

第四节　创新驱动发展战略下企业创新人才协同培养的哲学思考

一、创新驱动发展战略的哲学分析

（一）创新驱动发展的思想渊源

我国提出的创新驱动发展战略思想，有其历史的必然性和深厚的哲学根源。它是基于马克思、熊彼特、波特等名家的创新思想，以及我国历代领导集体的科技创新思想发展起来的一种具有时代性、中国特色的创新理论成果。马克思和熊彼特的创新思想既有一定的联系，又有一定的区别，他们的思想都为创新驱动发展战略提供了重要的理论支撑。把创新驱动发展战略上升到哲学的高度进行分析，首先有必要对创新驱动的思想根源进行梳理。这不仅有利于我们深入理解该战略的理论基础，而且有利于我们在实践中顺利地实施该战略。

毋庸置疑，熊彼特的经济发展理论对创新理论的作用是很大的，他为创新的发展贡献了自己的经典创新思想。亚当·斯密（Adam Smith）的《国富论》强调了经济发展是劳动分工和资本积累的结果，技术和生产组织的变革是经济发展的外在因素。而熊彼特则把创新看成经济发展的内在因素。西方著名进步经济学家保罗·斯威齐（Paul Marlor Sweezy）在他的《资本主义发展论》中说："熊彼特的理论与马克思的理论具有某些精神的相似之处。"但他接着又说："尽管熊彼特的上述观点同马克思的观点存在着某些明显的类似之处——对于这一点熊彼特自己也清楚地认识到——但两者之间仍然存在着根本的理论上的差别。"熊彼特本人也在他的著作《经济发展理论》中承认了这一点。因此，可以说创新思想最早可以追溯到马克思的学说，而熊彼特在此基础上进行了深入的发展。有学者认为，创新驱动是马克思主义社会发展理论的题中应有之义；还有学者认为，马克思列宁主义关于科技与创新的思想是创新驱动发展战略的理论源泉。

其实，有关创新的思想早就在马克思的《资本论》《经济学手稿》等著作中有所表述，这是学者们通过研究得出的共识。虽然马克思没有明确地定义创新概念，但是在《资本论》中，马克思从相对剩余价值生产的角度、企业制度的演进过程等方面对创新思想进行了阐述。马克思指出："一切规模较大的直接社会劳动或共同劳动，都或多或少地需要指挥，以协调个人的活动，并执行生产总体的运动——不同于这一总体的独立器官的运动——所产生的各种一般职能。一个单独的提琴手是自己指挥自己，一个乐队就需要一个乐队指挥。一旦从属于资本的劳动成为协作劳动，这种管理、监督和调节的智能就成为资本的职能。这种管理的职能作为资本的特殊职能取得了特殊的性质。"其中蕴含的创新思想就是协作引起的管理创新。在《经济学哲学手稿》中，马克思在对亚当·斯密、大卫·李嘉图（David Ricardo）等人批判的基础上，关注了技术问题，提出技术是人工自然的产物，并发现机器的大量应用在资本主义生产条件下对工人劳动异化的影响。马克思的创新思想对我国实施创新驱动发展战略具有重要的指导和启示意义。潘恩荣认为，在《资本论》及其手稿中，创新驱动发展的思想主要分为三个方面：企业层面的技术创新及其演变过程，社会层面的制度创新及其演变过程，以及两个层面之间技术创新与制度创新相互影响的驱动过程。他还强调，只有基于上述三个方面的研究，我们才能准确地理解和把握《资本论》及其手稿中的“创新”概念及“创新驱动发展”的机制和机理。

总之，熊彼特及之后的众多创新理论研究者不同程度地继承和发展了马克思的创新理论，并取得了新的理论成果。从哲学的高度来讲，马克思的理论对于我国创新驱动发展战略的意义不言而喻。当前，我们既要借鉴熊彼特的创新思想，更要挖掘创新思想的源头——马克思的创新思想，指导我国创新驱动发展战略的深入实施。

（二）科技创新的哲学审视

哲学是时代的精华。科学技术高度发达的时代更需要对科学技术展开全方位的哲学审视。当前，科学技术更新速度加快，它比以往任何历史时期更需要哲学的指导，以实现科学精神与人文精神的统一。科技的发展史也是科技的创新史。从哲学的角度对科技创新进行审视，揭示科技创新的基本规律和深刻内涵，有利于推进科技的创新及应用，更利于创新驱动发展战略的实施。

科技创新始于问题。问题意识贯穿科技创新的整个过程，是科技创新的重要依据。在科学发现问题上，卡尔·波普尔（Karl Popper）提出了“科学始于问题”的著名论断。爱因斯坦也明确指出：“提出一个问题往往比解决一个问题更重要。因为解决问题也许仅仅是一个数学上或实验上的技能而已，而提出新的问题、新的可能性，从新的角度去看待旧的问题，却需要有创造性的想象力，而且标志着科学的真正进步。”从某种意义上说，科技创新始于问题，科技创新本质上是一种解题活动。

科技创新是一种理性活动。科技创新是现代经济发展的动力之源，创造了巨大的财富。科技创新最终的目标是造福人类，发挥科技的正面价值，避免其负面价值。科技创新本质上体现了创新主体的对象化活动，张扬了创新主体的自由意志和本质力量，促进了人的全面发展。化解当前工具理性与价值理性的冲突，抑制科技发展中人的异化，需要实现科学精神与人文精神的融合。科学精神与人文精神并举，阐释了科学精神中的人文意义、人文精神中的科学内涵。促进创新人才全面自由的发展，也是实现科技理性中的工具理性与价值理性、合规律性与合目的性的统一。这是哲学应该担起的任务。钱学森说过："科学精神最重要的就是创新。"

二、企业创新人才协同培养的哲学分析

企业创新人才协同培养在于实现优质人才资源配置。人才资源本质上是一种智力资源，具有增值性和创造性。

（一）科技创新必须依靠智力资源配置的协同

知识经济时代，智力资源是一种特殊的社会资源，既包括智力本身这种无形资源，又包括智力成果和智力载体等有形资源。智力资源是各种无形资源和有形资源的组合。智力资源是科技创新的基础，可以说，智力资源的张力促进了创新的发展。在创新型组织，人才智力资源需求紧迫，创新人才和创新组织作为智力资源的根本载体，其智力活动处于核心地位。实现智力资源的协同，实现智力资源的优化配置，有利于提高创新人才智力资源的内在效益，是解决创新人才问题的重要途径。

科技创新需要依靠创新人才的集体智慧。拥有创新人才，并不能完全取得科技创新的成功。创新人才是一种稀缺的战略性智力资源，不仅决定开展哪些创新活动，而且决定各项创新活动的方向。智力资源一般以个体为载体，智力主体一般以分散形态存在，以简单聚集的方法并不能将各智力主体聚集起来。因此，创新人才必须相互交流、相互协作，共同发挥智力资源的作用，实现组织的协同效应。

企业是科技创新的重要主体。在市场经济条件下，企业要想把智力资源转化为现实生产力，就要对创新人才进行协同培养。当今社会，知识更新的速度越来越快，如果不能使智力资源不断更新，保持先进的水平，企业就会在竞争中慢慢被淘汰。

（二）实现“整体大于部分总和”的协同效益

协同效益产生于创新人才之间的信息、能力、资源的合理流动。流动是新生的基础，是社会和经济发展的基础。协同理论认为，协同是各参与者在整体发展中的协作。协作体现了哲学的基本原理，即事物之间的相互联系和合作发展。不同的创新人才是一个相互联系的整体，存在着互动、依赖、共生的关系。创新人才之间应建立一种相互支持、相互鼓励的协作关系，形成彼此之间目标和利益相对稳定、相互协调的“创新人才共同体”。

企业创新绩效不是某些个体的总和。如果企业创新人才的创新绩效是个体创新绩效的简单相加，那么企业创新人才的知识水平和创新能力就会随着企业创新人才的变化而整体变化。企业创新人才的协同创新所形成的相互关系，能在一定程度上消除这种影响。当企业的创新人才在优化各种创新要素的结构时，他们能充分发挥系统的整体功能。企业创新人才的成长和团队功能的发挥，必须强调人才结构的合理性以及系统的整体性。

三、创新驱动发展战略与企业创新人才协同培养关系的哲学分析

创新驱动实质上是人才驱动，这一论断深刻体现了创新驱动发展战略与企业创新人才协同培养的内在关系。深入分析两者的关系，有利于从根本上落实创新人才的协同培养，实现创新驱动发展战略目标。

（一）创新驱动发展客观上要求企业内部协同培养创新人才

创新驱动发展战略中的创新是特殊性与普遍性、个性与共性的统一。创新以科技创新为驱动的核心，是技术创新、管理创新、市场创新等各种创新相互协调的全面创新。创新的内容具有多样性，创新的主体具有多元性，创新人才则具有联系性、协同性。可以说，创新人才是创新驱动的内部因素之一，企业应对创新人才提出更高的素质标准和能力要求。

企业创新人才协同培养的核心内涵就是培养创新人才的综合素质和创新能力，使其适应不断变化、竞争激烈的环境。创新发展是以人为中心的发展。在实现企业发展目标的同时，个人的价值也会得到体现。企业发展模式的转型，归根结底是人的思维转型、人才的创造才能转型。企业创新发展更要强调创新人才的协同意识、创新思维等。协同意味着与利益相关方建立一种关系，在这种关系中，双方有倾听对方论述的意愿，以一种互利共赢的方式评估辩论双方观点的优劣。

（二）企业创新人才为创新驱动发展提供智力支持

创新是所有员工的职责，更是所有部门的创新人才的职责，而不仅仅是研发人员的职责。只有大力培养员工的创造力，才能培养更多的创新人才。创新人才是企业最宝贵的财富，是企业持续发展的重要资本。从一定意义上来说，企业创新人才协同培养是企业对创新人才进行“新组合”，是人才培养模式的创新。

创新人才必须具有较高的素质，能够为创新驱动发展提供智力支持。对创新人才的要求主要包括以下三个方面：一是知识储备方面。创新活动的开展必须基于大量的知识储备，这就需要创新人才有扎实的基础知识和合理的知识结构，同时具备过硬的创新领域的专业知识。二是能力方面。作为创新人才，必须具备较强的判断力和创造性思维能力。创造性思维能力区别于常规思维能力，它对创新具有导向作用。具备较强创造性思维能力的创新人才不仅能够抓住事物发展的根本规律，还能够间接地辨别出客观规律。三是个人素养方面。创新意识是创新活动的前提，创新人才只有具有创新意识才可能提出新理论、新思路。除此之外，创新人才还要具备竞争意识和团队精神。创新人才如果缺乏竞争意识，创新进程就会缓慢，最后甚至会失去它应有的价值。企业创新是一个复杂的系统，涉及多方面的事情和人，没有一定的团队精神，创新人才是无法在团队工作的。单方面创新已经难以适应时代发展的需求，发扬创新的协同合作精神，方能有所作为。

发展战略是推动我国经济社会可持续发展的核心战略。实施创新驱动发展战略，实际上就是实施人才驱动发展战略。企业是实施创新驱动发展战略的重要主体，而创新人才是企业发展的第一资源。对企业创新人才协同培养进行研究，是创新驱动发展战略的内在要求。

企业中的人才是所有资源中唯一的能动资源，能动资源具有创造出更大资源价值的力量。企业创新人才协同培养是一项长期的系统工作，需要企业协调各方面资源，注重创新人才资源配置，实现企业创新人才协同效应。

第五章　现代企业高层次人才队伍建设

第一节　企业高层次人才的内涵及外延

高层次人才是人才队伍的重要组成部分。加强企业高层次人才队伍建设，需要对高层次人才的概念、队伍建设中存在的问题与对策等进行探讨。科学界定高层次人才的内涵和外延是人才理论研究和实践的基础。内涵揭示高层次人才的特征，即什么样的人是高层次人才；外延界定高层次人才的范围，即包括哪些人，数量有多少。做好这方面的工作，无论是对高层次人才成长规律的把握、队伍状况的分析，还是对人才评价标准的运用、人才政策和制度的创新都具有重要的意义。

一、企业高层次人才的内涵

什么是高层次人才？目前，理论研究和人才实践中尚无公认的定义。有人认为，可以根据岗位的重要程度划分人才的层次，高层次人才是在关键、重要岗位上任职的人；有人认为，可以根据人才自身创造能力的大小划分人才的层次，高层次人才是做出重大创造或做出重大贡献的人；还有人认为，从经济学角度看，高层次人才是在单位劳动时间内创造的价值大大高于一般人的人。

尽管这些观点所采取的划分人才层次的根据不同，但都反映出了高层次人才的一些基本特征：

第一，高层次性。在社会人才金字塔结构中，高层次人才居于高端。

第二，类别性。专业人才类型众多。根据有关规定，我国现行的专业技术职务有 29 个系列，类别不同，界定标准不同。

第三，相对性。因为所处层次（国家、地区和单位）不同，所以划分标准也不一样。

第四，稀缺性。高层次人才的数量很少，属稀缺人才。“人才难得”主要指高层次人才。

第五，动态性。一方面，人才自身不断发展，没有永恒的高层次人才；另一方面，随着社会分工和进步，人才类型和人才标准都具有鲜明的时代性，随时代变化而变化。因此，高层次人才队伍的构成是动态发展、有进有出、不断更新的。

总的来说，高层次人才就是素质高于一般人才、贡献大于一般人才的人才，即人才中的佼佼者。人才相对于一般人具有杰出性，而高层次人才相对于一般人才也具有杰出性。

二、企业高层次人才的外延

不同类型的高层次人才有不同的划分标准。职称、学历可以作为划分高层次专业技术人才的一个标准，但不是所有高层次人才的标准，因为职称、学历反映的是相关专业的知识能力水平，而不能反映其他能力水平。不能将博士学位和高级职称作为高层次党政人才和企业经营管理人才的划分标准。党政人才主要应按职务来衡量，经营管理人才主要应按岗位职务和所创利税多少来衡量，而高层次专业人才主要应按其学术水平、创新能力、科研成果和发明专利等来衡量。要根据不同类型人才的特点、状况，研究制定科学合理的各类高层次人才的标准，从而使高层次人才类型和标准细化，使高层次人才队伍建设的目标更明确，使高层次人才队伍建设工作开展得更加深入、具体。

在理论研究和人才实践中，确定高层次人才的范围、数量，一般要考虑以下因素：一是要有广泛性与代表性，既要考虑各行各业，又要做到突出重点；二是要有合理的比例结构，是“百里进一”还是“千里、万里选一”，要考虑决策意图和经济社会发展目标；三是要考虑财力负担能力，即到底能给多大数量的人以重点支持；四是要考虑与国际接轨，在经济全球化的大背景下，高层次人才标准要有全球可比性。

毋庸置疑，企业高层次人才是指企业人才队伍能级结构中的高端人才。由于人才队伍能级结构划分标准不同，目前对企业高层次人才的界定存在三种认识：第一种认为人才队伍能级结构是以学历和职称等身份标志来划定的，企业中具有高学历、高职称的人才是高层次人才；第二种认为人才队伍能级结构应该以能力素质为划分标准，企业中具有高素质和很强能力的人才是高层次人才；第三种认为人才队伍能级结构应该与岗位结构相对应，在企业高级管理岗位和高级技术岗位上的人才都应算作高层次人才。三种认识虽然各有侧重，但在统计意义上有着很强的联系。高学历、高职称与能力素质之间的相关性非常高，具有高学历、高职称的人才冲击企业高级管理岗位和高级技术岗位的概率也比一般人才要大得多。

综上所述，笔者对企业高层次人才的定义是：具有硕士以上学历或高级技术职称，并有能力冲击企业高级管理岗位和高级技术岗位，或已经在企业高级管理岗位和高级技术岗位上的人才。

第二节　企业高层次人才队伍构成

从我国企业现有的实际情况看，企业高层次人才主要包括高级经营管理人才和高级专业技术人才。

一、高级经营管理人才

高级经营管理人才由产权代表、企业家和高级管理人员组成。

（一）产权代表

产权代表是具有决策能力与成功实践经验的、代表股东行使决策权力并监督资本运营的社会优秀人才。所谓国有企业产权代表，也就是国有资产出资人代表，是指由各级政府、投资机构或政府授权的国有大型企业、企业集团和国有投资控股公司作为国有资产出资者，通过一定的法律程序，以董事、监事、财务总监等身份，向被其投资的企业派驻的代表国有资产出资者在企业中依法行使出资者权利、维护出资者经济利益的那些人。

（二）企业家

在经济学家眼中，企业家指那些具有强烈的创新精神、创新意识与创新能力，具有对市场变化的灵敏触觉和对经济生活的高度敏感性，具有永不满足的经济冲动的人，是先进生产方式的主要开拓者和创造者，是经济发展舞台的主角，是站在市场竞争最前沿的先锋。在管理学家眼中，企业家是推动企业发展的最活跃的因素，是推动企业这台机器运转的心脏，是赋予企业生命力的最关键因素。企业家是以企业获得生存和发展为己任、担负企业整体经营的领导职务，并对企业经营成果负最终责任，具有专门知识技能，为企业创造出巨大绩效的高级经营管理人才。

企业家是经营管理者，但经营管理者不一定是企业家。企业的厂长、经理、董事长都是企业的经营管理者，但他们不都是企业家，只有成绩卓著者才能称为企业家，即企业经营管理的专家。企业家的外延包括各种所有制企业的优秀经营管理者。企业家是市场经济的产物。在计划经济体制下，企业按政府下达的计划生产，厂长、经理不需要去研究市场和供销，也不必考虑盈亏。所以，那时没有真正意义上的企业，也就没有企业家。伴随着我国改革开放的深入，尤其是市场经济体制的建立，企业成为自主经营、自负盈亏、自我约束、自我发展的市场主体，企业家便产生了。他们不再是行政官员，而是专门从事经营管理并创造效益的专家，是以经营企业见长，又以经营企业为职业的高级人才。

（三）高级管理人员

著名经济学家约瑟夫·熊彼特认为，企业高级管理人才是经济发展舞台的主角，西方经济的全面发展主要归功于不断创新的企业高级管理人才。世界银行首席经济学家兼高级副总裁约瑟夫·斯蒂格利茨（Joseph Eugene Stiglitz）认为，在许多发展中国家，一个关键的问题就是缺少优秀的企业高级管理人才，他们的短缺造成了很多发展中国家的经济在国际市场上缺少竞争力，他们的短缺使得很多发展中国家的经济只有量的增长而无质的发展，最终出现反复与倒退，甚至陷入泥潭。被称为管理大师和“企业家教父”的著名管理学家彼得·德鲁克认为，企业高级管理人才是赋予企业生命力的最关键因素，高级管理人才的素质以及他们工作的质量直接决定着一个企业的兴衰与成败。

二、高级专业技术人才

人是知识的载体，专业技术人才是技术进步和经济发展的最重要的资源，能否迎接并赢得这场挑战取决于我国是否拥有一支高层次的专业技术人才队伍。专业技术人才是从事专业技术工作，拥有相应学历资格或专业技能的人才。企业高层次专业技术人才，则是企业技术人才队伍中的少数高素质的、具有自主研发能力和技术创新能力的人才，是各企业争夺的主要对象。企业高级专业技术人才由高级技术专家和高级技能人才组成。

第三节　企业高层次人才队伍建设现状和面临的形势

一、企业高层次人才队伍建设取得的成绩

（一）初步形成比较完整的企业高层次人才培养体系

企业高层次人才是我国高层次人才队伍的重要组成部分，历来受到党和国家的高度重视。企业高层次人才培养，也一直被纳入我国整个高层次人才培养体系之中。经过多年的探索与实践，我国目前已初步形成一套比较完整的企业高层次人才培养体系。这主要表现在三个方面：一是初步形成了由《全国干部教育培训规划》、企业人才培训规划和各项高层次人才专项计划等组成的一整套相互补充、相互促进的人才培养规划系列；二是初步形成了由高等院校、党

校、管理干部学院、社会中介机构和企业自身培训机构等构成的分工较为明确的人才培养网络体系；三是初步形成了学历教育、继续教育、在职培训、实践锻炼、出国留学深造、进修、考察和博士后培养等一系列比较完整的培养方式和培养手段。所有这些，都为我国企业高层次人才培养奠定了坚实的基础。

（二）符合企业高层次人才成长特点的人才管理制度有了突破

随着我国社会主义市场经济体制的不断发展和完善，非公有制企业高层次人才的管理基本按照市场规律运行，并积极探索和吸收国外先进的管理办法。国有企业人事制度改革不断深化，企业高层次人才的干部身份逐渐淡化，高层次人才公开选拔力度不断加大，高层次人才使用环境也开始向规范化方向发展，高层次人才年薪制、期权制、期股制以及按技术要素参与分配等激励方式正在积极探索之中，符合企业高层次人才成长特点的人才市场化管理制度初具雏形，企业高层次人才队伍活力不断增强。

（三）企业高层次人才队伍建设取得新的成效

中华人民共和国成立以来，特别是改革开放以来，在党和国家的领导下，经过各地各部门、各企业的共同努力，培养和造就了一批又一批适应我国各个历史发展阶段的企业高层次人才队伍，企业高层次人才队伍建设取得长足进展。这主要表现在三个方面：一是具有硕士以上学历或高级职称的人才总量大幅度增加，回国创业的海外留学人员数量呈逐年增长之势，企业高层次人才队伍规模不断发展和壮大；二是企业高层次人才素质不断提高，市场竞争意识、创新意识不断增强，创业能力不断提升；三是企业高层次人才队伍结构不断改善，外向型、国际化的高级商务类人才数量不断增加，企业高层次人才队伍整体竞争力有了很大程度的提高。

二、企业高层次人才队伍建设存在的主要矛盾

从我国人才队伍建设的总体情况看，企业高层次人才队伍建设的现状不容乐观，这主要表现在以下三个方面：

（一）人才短缺匮乏与人才闲置浪费的“二元化”矛盾

一方面，从我国企业发展的实际需要和现有高层次人才的相对数量看，我国企业高层次人才十分短缺。另一方面，由于长期受计划经济和国家人才配置制度的影响，用人单位使用人才的成本观念淡薄，产生了学非所用、用非所学、高学低用、留而不用的使用性闲置，特别是近几年，一些企业在人才引进上盲目攀比，竞相提高求聘人员的学历标准。同时，一些高层次人才为了能留在大城市或经济发达地区，也不惜降低标准求职，高层次人才就业错位现象十分严重，人才高消费正在升温。人才高消费其实也是一种人才浪费。

（二）人才静态优势与人才效益劣势的“双重性”矛盾

虽然我国企业高层次人才的相对数量不足，但从国企高层次人才的绝对数量看，与外资企业、民营企业相比优势还是比较明显的，然而出于体制、机制等方面的原因，这种优势并未充分发挥出来。以中国石油集团为例，现有专业技术人员从数量上已超过任何一家西方大石油公司的员工总量，但人均生产效率却要低很多。旧体制条块分割的封闭性阻碍了人才向经济领域和物质生产第一线流动，割断了人才与经济的良性结合，人才的优势难以充分发挥，人才效益低下。

（三）人才难以流动与人才大量流失的“两极化”矛盾

人才流动是人才调节的一种基本形式，是调整人才社会结构、充分发挥人

才潜能必不可少的重要环节。但由于中国的人才市场起步较晚，市场化程度低，“一次分配定终身”和“一个岗位干一生”的现象仍很普遍，与国外15%～20%的流动率相比，中国的人才流动率仅为3%，特别是国有企业用人主体和高层次人才基本上还未进入市场，再加上相应的市场流动机制不健全，人才的正常流动依然困难。但同时，由于受到外企和大城市、发达地区人才优惠政策和优厚的经济待遇的影响，国企人才的非正常流失也越来越突出，并且高层次人才流失的速度开始加快。

三、企业高层次人才队伍建设的紧迫性

21世纪世界各国的竞争是综合国力的较量，其实质是经济和科技的竞争，是人才的竞争。目前，新一轮人才争夺战正在全球范围内展开，而且愈演愈烈。人才由发展中国家向发达国家单向流动，是这一过程的突出特点。世界各国竞相制订争夺人才的计划，培养人才、吸引人才、用好人才、留住人才。我国已经成为人才争夺的重要目标，必须从战略高度重视人才问题，采取得力措施，制定有效政策，建立和完善适合我国国情的培养、吸引和使用人才的良性机制。

（一）人才资源已经成为社会经济发展中最重要的资源

邓小平曾说：“世界形势日新月异，特别是现代科学技术发展很快。现在的一年抵得上过去古老社会几十年、上百年甚至更长的时间。”如今，人才在生产要素中的地位显著提高，人才资源开发在经济社会发展中的作用大大加强。1978年3月18日，邓小平在全国科学大会开幕式上指出：“同样数量的劳动力，在同样的劳动时间里，可以生产出比过去多几十倍几百倍的产品。社会生产力有这样巨大的发展，劳动生产率有这样大幅度的提高，靠的是什么？最主要的是靠科学的力量、技术的力量。”他还提出了“科学技术是第一生产力”的著名论断。肯定了科学技术的重要作用，也就是肯定了人才资源的支撑

作用。因为“历史上的劳动力，也都是掌握了一定科学技术知识的劳动力”，人才是科学技术的载体。邓小平在研究日本战后经济高速发展过程后得出结论：当前经济社会发展的战略资源已经发生了实质性的变化，经济的发展不仅靠物质资源，人才同样也是经济发展的资源，而且是更重要的资源。

一个国家发展道路的选择离不开对国情的准确把握。我国的基本国情就是人口多，底子薄，人均自然资源和资本短缺。要在自然资源和资本方面形成发展优势，几乎是不可能的。那么我国的经济发展究竟有无优势呢？这是一个关系我国经济长远发展的基本信念和战略规划的重大问题。1985 年 5 月 19 日，邓小平在全国教育工作会议上的讲话中指出：“我们国家，国力的强弱，经济发展后劲的大小，越来越取决于劳动者的素质，取决于知识分子的数量和质量。一个十亿人口的大国，教育搞上去了，人才资源的巨大优势是任何国家比不了的。”由此可见，我国经济发展的最大优势是充分开发潜力巨大的人才资源。

（二）我国在国际人才争夺战中已成为主要流出国

新的经济模式是求人才，而不是求资本。因此，世界各国都把争夺人才，尤其是高层次人才置于重要的战略地位，一场人才的竞争在全球范围内展开。随着外国资本、外国企业和外国人才中介机构的进入，国内企业面临的人才竞争将更加激烈，人才“价廉物美”的时代将一去不复返。在全球性的人才争夺中，发达国家一直处于领先地位。发达国家凭借雄厚的国家财力、财团资本和优越的科研条件，诱使发展中国家的人才资源流向发达国家，导致发展中国家人才的严重流失。人才流向发达国家的趋势增强了发达国家的竞争力，削弱了发展中国家的发展潜力。

近年来，发达国家不断推出吸引人才的优惠政策，提供优厚的工作条件，以争夺高级人才，导致发展中国家的人才外流现象正在进一步加剧，并成为进一步拉大南北差距的因素之一。

目前，国有企业人才流失问题已成为制约国有企业竞争力的核心因素之一。做好人才，特别是高层次人才的培养、吸引与使用工作，防止人才流失并进一步引进人才，已经成为我国现代化建设进程中的重大课题。

（三）人才国际竞争的本土化加剧了国内企业的人才短缺

随着经济全球化和知识经济的发展，高科技人才的短缺已成为世界各国特别是发展中国家的普遍现象，如得不到根本解决，将严重阻碍本国经济发展，影响其国际竞争力。因此，世界各国都把争夺人才，尤其是高科技人才置于重要的战略地位。

加入世界贸易组织后，人才竞争国际化和国际竞争国内化已成必然趋势。更多跨国公司进入中国，与中国企业争夺高素质人才。在国内各大城市，跨国公司已经纷纷“安营扎寨”，将触角伸向了校园、企业甚至政府部门。为降低人才竞争的成本，就近抢占发展中国家的市场，跨国公司以优厚的工资待遇、住房、出国旅游和培训为诱饵，吸引发展中国家的人才在国内“出国”，成为外国公司的本土雇员。近年来，外资企业和国外研发机构更是纷纷在中国国内延揽人才，一些实力不断壮大的国有企业、民营企业和私营企业逐渐认识到，国内企业与外企的差距主要在于人才方面。面对我国加入世界贸易组织后的竞争态势，急需引进和培养大量的国际化的、熟悉国际竞争规则的高级管理人才。

（四）实施“人才强国”战略需要高层次人才

“人才强国”战略主要包括两层含义：一是着眼于加大人才资源的开发力度，全面提高我国人才的基本素质，以增强国家的综合国力和国际竞争力；二是着眼于创新体制、机制，做到广纳人才，为我所用，通过提高政策制度对人才的吸引力和凝聚力，增强国家的综合国力和国际竞争力。实施这一战略，就要坚持以人才资源能力建设为主题，以调整和优化人才结构为主线，以改革创新为动力，抓紧做好培养、吸引和使用各方面人才的工作，努力形成高层次人才优势。

（五）增强企业核心竞争力需要高层次人才

企业是社会经济的“细胞”，是创造国家财富的重要基地。企业的质量，最终决定了一个国家的经济质量；企业的发展程度，最终决定了一个国家的工业化程度；企业的竞争力，最终决定了一个国家的整体竞争力。随着经济全球化趋势的进一步发展，国家与国家之间的经济较量在很大程度上体现在各国企业之间，尤其是各国大公司、大企业集团之间。发达国家之所以有实力，是因为它们拥有一批在各个领域居于世界领先或垄断地位的大型企业和企业集团，拥有一批为世人所熟知的世界知名公司。一个国家经济的发展、工业化的实现、经济整体素质的提高，主要依靠大型企业和集团。

增强我国企业国际竞争力，转变我国企业经济增长方式，发展我国企业经济，关键在于人才，尤其是企业高层次人才。世界经济发展史早已表明：一个优秀企业家可以凭借其对市场的高度敏感性，准确而不失时机地把握企业发展机遇，可以在不增加任何生产要素的情况下，凭借他们高度的经营智慧，驾驭企业在变幻莫测的市场经济大潮中纵横驰骋；一个出色的企业工程技术专家可以凭借一项技术成果赢得企业核心竞争力，甚至可以凭借一项专利发明缔造一个庞大的经济实体。如果说我国企业高层次人才过去所面临的考验主要是勇气和智慧的话，那么在我国加入世界贸易组织之后，企业高层次人才所面临的考验除了勇气和智慧，还有职业化素质、现代化意识和国际化眼光。面对全球化竞争态势，面对信息化带来的一系列新课题，进一步加大企业高层次人才培养、吸引、使用的力度，加快我国企业高层次人才队伍建设步伐，提高企业高层次人才职业化素质，增强企业高层次人才现代化意识，开阔企业高层次人才国际化眼界，已经成为我国走新型工业化道路，发展具有国际竞争力的大公司、大企业集团的一项重要而紧迫的战略性任务。

第四节　企业高层次人才队伍建设存在的问题

近年来，尽管我国在高层次人才培养方面取得了显著成绩，初步形成了一支规模大、门类全、整体实力较强的高层次人才队伍，但是我国高层次人才队伍建设与经济和社会发展之间的矛盾仍然比较突出，高层次人才总量不足、结构不合理和作用发挥不充分的问题依然存在。这些问题既有历史长期积累和遗留下来的，也有随着社会的不断进步和经济的快速发展逐步形成的；既有闭关自守、思想观念陈旧方面的原因，也有改革开放、价值观念偏位方面的原因；既有政策导向和制度方面的原因，也有企业用人主体不到位方面的原因。下面，笔者主要从高层次人才队伍建设的三个环节——培养、吸引、使用来进行具体的阐述。

一、企业高层次人才培养存在的问题

（一）人才培养的政策法规体系不健全

首先，高层次人才培养管理体制不合理，存在职能交叉、政出多门、管理方式落后的问题。培养高层次人才的主体是谁没有明确界定，社会职责不清。主要表现是企业高层次人才的培养谁都管，谁都不管，多流于形式。根据企业高层次人才培养过程分析，刚从高等院校毕业的研究生是具有较高基本素质的人才，由于没有经过实践充分的磨炼，还不能算是企业的高层次人才。如果企业是高层次人才培养的主体，那么职业经理人、企业家等具有社会属性的企业高层次人才的培养显然不是企业能够承担的。如果是政府，则又没有专门的高层次人才培养的组织体系和比较完善的配套的政策措施。因此，企业目前很难出现高层次人才辈出的局面。

其次，缺少比较好的培养高层次经营管理人才的法律环境。培养和造就一批优秀企业家是一项涉及经济体制、政治组织制度和教育体制改革的系统工程。从企业家的成长过程看，真正的企业家只能通过职业经理人市场的激烈竞争，在成功运作企业的过程中产生。我国的职业经理人市场现在还没有真正建立起来，缺少企业家流动、薪酬、管理等相应的政策法规，适应企业家成长的环境还不具备，这也是我国企业缺乏高级经营管理人才的主要原因。

再次，培养企业高层次人才的制度不够完善。目前，多数国有企业对高层次经营管理人才的培养仍沿用计划经济时期培养党政领导干部的模式。一方面是培训内容、培训方法上比较单一，常常会有这样的情况：企业送经理们进行领导课程的学习，却看不到效果，因为当这些经理结束学习返回工作时，早已把学的东西还回去了。另一方面，轮岗锻炼多是单位之间的业务纵向交流，在单位内部业务横向交流很少，企业经营管理人才的能力难以提升。从我国企业整体看，对于专业技术学科带头人的培养比对于经营管理人才的培养更差，培养制度不完备，甚至有的企业根本就没有。

（二）高校人才培养模式陈旧

高等院校是企业高层次人才培养的摇篮，担负着培养高素质创新型人才的历史使命。我国的高等教育由于长期受计划经济的影响，形成了一套过窄、过专、过深的专业课程体系，建立了单一的过分强化专业教育，要求培养各种专家的人才培养模式。这种人才培养模式，在我国生产力比较落后、各行各业急需各种专门人才的背景下，发挥了积极的作用。但随着我国社会主义市场经济的建立和经济、科技的迅速发展，传统的人才培养模式逐渐暴露出它的弊端，培养出来的学生知识面较窄、文化素质有明显缺陷、广泛适应性差、创新能力不高，造成精通多学科知识的复合型高层次人才、创新型和开拓型高层次人才严重短缺的现象。近年来，我国尽管在教育体制改革方面取得了明显效果，但仍然不能满足社会主义市场经济发展尤其是企业发展的需求。在更新教育思想观念的基础上，改革高校的人才培养模式、构建新型人才培养模式势在必行。

（三）专业技术人员成长的途径不畅

途径不畅是指企业专业技术人员受到政策、制度、环境等多种因素的影响，成长过程受阻。其主要原因是企业在管理过程中官本位主义严重，政策导向出现偏差，重经营管理人才，轻专业技术人才。只要专业技术人才在科技工作中做出一定成绩和贡献，就应理所当然地将其提拔到管理岗位上，以示对他的重用或肯定。到管理岗位后，这些人很难再在技术上有所作为，这样的“苗子”出来一个拔一个。因此，企业很少能培养创新能力强的高层次科技人才，这客观上制约了高层次技术人才的成长。在薪酬、住房等待遇上，政策又总是向当“长”的倾斜。长久以来，在专业技术人员中想当“长”的人多、潜心钻研科学技术的人少，出现了工作积极性普遍不高的局面。不久前，笔者对一个国有控股企业的专业技术人员进行了思想状况及个人需求状况调查。经统计分析，专业技术人员目前最为关心的是个人收入和企业发展与个人发展之间关系的问题，需要解决的问题首先是个人收入，其次是住房。在这样的企业环境中，是难以培养和造就一批高层次专业技术人才的。

（四）资金投入不足

总体上讲，我国大多数企业用于教育培训的投入占工资总额的比例低于1.5%。据统计，国外企业包括中小企业每年投入再学习的支出最低为公司薪资总额的 3%。相比之下，我国企业对教育培训的投入不足是显而易见的。要保持企业发展，培养所需人才，投资培训是非常必要的。但不少企业对培训投资有顾虑，最主要的是害怕培训后人才流失，尤其是企业委培、出国深造的人员。一些企业急功近利，只看到眼前的利益，而看不到企业的长远发展后劲，不愿多投入培训经费，只重视使用，不重视培训提高。有些企业虽然有心投资培训，但是又苦于对受培训人员没有管理和约束手段，担心他们一旦具备了较高的水平，就会跳槽到其他企业，所以权衡利弊，还是下不了决心让企业员工参加培训。

显而易见，投入不足的主要原因是企业对高层次人才教育培训的重视程度不够，没有把人才培养与企业发展的位置摆正。从更高的层面上讲，我国对高等教育和科学技术研究投入不足也是影响高层次人才培养的重要因素。我国要使自己在未来的国际竞争中立于不败之地，最根本的还是要靠各级各类的教育的发展。在深化教育体制改革的时候，要特别注意培养学生的科学精神和创新能力。

（五）培训机制比较落后

这一点主要表现在：一是没有系统的培训计划，具有随意性、临时性、应付性，缺乏主动性、系统性、专业性；二是培训内容、方式和培训对象的实际需要结合不紧；三是培训形式单一，缺少灵活性。

出现这些问题的主要原因是：培训缺乏宏观谋划，与企业的发展战略脱节；培训缺乏针对性，与人才的使用脱节；培训缺乏创新性，与时代的发展脱节。

二、企业高层次人才吸引存在的问题

在吸引人才方面，过去我们曾有一些成功的经验和好的传统。但随着经济全球化的深入发展，我国在企业高层次人才的吸引上还面临着与经济和社会发展不相适应、不相对称的矛盾和问题，国家相关的吸引政策不完善、不配套，高层次人才合理、有序流动的市场机制没有真正建立，国有企业人事制度改革滞后，高层次人才引不来、留不住，并已出现流失速度加快的趋势。

（一）企业外部人才政策环境不完善、不配套

第一，国家的政策环境建设滞后，一些相关政策有待突破。与发达国家相比，一方面，我国的综合国力、社会经济、科技发展水平还存在很大差距，在引进海外人才方面处于不利地位；另一方面，我国的政策环境有待改善，已严重影响引进人才工作的顺利开展。例如，在人才引进、流动争议处理和出入境、居留等方面，相关的政策法规还不配套，甚至出现政出多门、不相一致的问题。再如，已取得外国国籍的留学归国人员恢复干部身份、办理户口的手续问题，留学人员在国外所生子女落户、入学、配偶就业问题，住房、医疗、保险等社会保障问题，留学归国人员的提拔任用、薪酬、风险投资创业环境等政策问题，都有待进一步研究，需要切实可行的解决措施。此外，国内人才流动中的户籍壁垒问题，外地人才子女上学的权益问题，省际社会保险的积存、衔接和转移问题，办理因公出国政审手续问题等都缺乏统一的配套政策。

第二，宏观管理体制不顺，缺乏统一、规范的管理服务体制。改革开放以来，我国出台了一系列聘请海外专家和吸引海外高层次留学人员到国内服务或工作的政策。总体来看，取得了一定的成效。但在实际工作中，基本上是有关部门、地方、企业各自为政，在国家层面上还没有一个统一进行宏观规划、牵头组织、综合协调的部门，还没建立起科学、规范的人才管理体制，对人才吸引的动力机制、流动机制、激励机制、保障机制、考评机制及调控机制都缺乏统一的整体协调。

第三，引进海外人才和吸引留学人员的渠道不够畅通。政府在引进人才上的主导地位没能很好地发挥，对海外人才和留学生的信息情况缺乏整体的了解和掌握，掌握的信息分散、功能单一，还没有建立起统一、规范、有效、实用的资源共享的国际人才信息网络，对人才的引进无法实现整体规模效应；企业自身了解国外人才和留学人员具体情况的途径不多、渠道较少，不能从整体层面上掌握他们的具体情况，尤其对一些留学人员的素质、能力、水平、业绩等缺乏翔实、全面的了解和科学的评价，导致了引进工作的盲目性。

（二）各类企事业单位内部政策环境不平衡、竞争不公平

第一，体制政策和环境条件的不平衡，影响了高层次人才的优化配置。比如国家实施的“长江学者计划”和“春晖计划”等吸引了大量高层次海外人才和留学生，但因为政策导向和具体实施的主体是高校和科研机构，所以能引进到企业的比较少；又如，因为国家在科研资金和硬件环境条件等方面的倾斜，企业在硬件环境上也缺乏对高层次人才的吸引力。所以，我国的高层次人才主要集中在高校、科研院所和事业单位，而极少流向急需高层次人才的企业，企业与事业单位的专业技术人员之比是4∶6。而在发达国家，70%以上的科技人才在企业。

第二，在人才倾斜政策上的不公平竞争，影响了高层次人才的合理流动。国家和各地方政府为了吸引外资企业的发展，在制定人才政策和资金、税收等方面给予了外资企业许多优惠政策，使民营企业在人才竞争的环境中处于劣势。目前，国内人才呈梯形分层次流动，主要的流向是：民营企业—外商合资企业—本土外商独资企业—新进入的外商独资企业。最终，他们会成为国际通用型人才。在这一流动过程中，民营企业对人才的吸引力不足。所以，留学回国人员数量虽多，但真正到民营企业的很少。

第三，统一开放、公平竞争的高层次人才流动机制还没有建立，影响了人才的有序、合理流动。一方面，计划经济体制下形成的户口、档案、住房、社会保障制度仍然是人才流动的羁绊，高层次人才地方所有、部门所有、单位所有的现象依然严重，其自由流动存在困难。另一方面，不规范的人才市场中介和猎头运作，增强了企业高层次人才流动的隐蔽性，影响了企业的人才安全，有时流失人才离开原有企业的时候与原有企业没有解除劳动合同，没有履行有关的培养协议职责，亦没有履行技术开发合同规定的内容，带走了原企业的客户、技术秘密和商业秘密，成了原企业的竞争对手，给原企业造成了不可弥补的损失，甚至给原企业带来了致命的打击。但是由于立法的滞后，对这些不规范的流动行为没有有效的约束手段和处理依据，因此企业对人才的流动只能采

取“堵”和“卡”的办法，这影响了人才的引进和正常流动。

由于政策和体制上的不平衡、竞争上的不公平，企业在高层次人才竞争中处于弱势地位，这影响了企业高层次人才的优化配置和合理流动。

（三）国有企业人事制度改革滞后

第一，国企福利制度已经取消，但薪酬待遇没有得到实质性提高，国企稳定和吸引人才的优势已不复存在。虽然国有企业公司制改革在不断深化，原来吸引人才和国有企业职工引以为荣的住房、医疗、水电气暖费用、子女入托升学等诸多方面的福利已经基本取消，但相应配套的人事制度改革却没有跟上；薪酬待遇、补充保险、住房补贴等虽有不同程度的提高，但缺乏根本性的激励作用，国企稳定和吸引人才的优势正逐步减弱，致使一些企业人才队伍不稳定和人才流失现象日益严重。目前，人才引进的少、流出的多，进出比例严重失调，已成为国有企业生存发展的一大障碍。

第二，企业内部人才管理制度和管理观念落后，对高层次人才的重要性认识不够。

一是还没有真正树立以人为本的管理观念，管理上的随意性和人治现象还相当严重。由于我国是人口大国，相当多的管理者仍然抱着“三条腿的蛤蟆难找，两条腿的人到处都是”的落后观念来管理人才，对人才冷漠不关心，导致他们对企业没有归属感。

二是在人力资源管理水平上确实有差距，尤其在基层单位，人才积压的现象仍然很严重，人才配置不科学，年龄结构缺乏梯度。许多高校毕业生长期从事一线操作工的岗位，根本无缘于实际技术研究工作，他们工作很努力，也有较强的工作能力，无奈企业没有更多的具有挑战性的岗位，只好大材小用。工作的不如意和被轻视使他们失去继续留在国企工作的耐心，一旦寻找到实现自身价值的机会，他们就会想方设法离开。

三是单位用人和人才择业自主机制尚不完善，特别是国有企业从市场选人的观念尚未完全树立，计划用人的方式未能彻底改变，想用的人选不出来，想分离的人员又流不出去。

第三，缺乏鲜明的企业文化和人才创业的环境条件，没有真正形成吸引人才的良好氛围。企业文化是企业职工群体的观念、意志、风格的集中体现，是企业在长期的生产经营活动中经反复倡导和教育所形成的，它具有鲜明的时代特点和企业特点，是企业在经营管理中增强凝聚力、感召力的精神力量源泉。而目前，绝大部分企业都把相同或相近的口号定为本企业精神，企业广告、标语、发展规划等也大都笼统乏味，连企业职工都无法准确理解，根本起不到凝聚人、鼓舞人、吸引人的作用。再就是没有把企业的发展与人才个人的发展结合起来，不重视人才的职业生涯设计，没能真正从软硬件环境和资金上为企业高层次人才的成长和事业发展提供保障，即使引进人才也很难留得住。企业自身改革不到位，导致了企业高层次人才的不断流失，同时也直接影响了其对高层次人才的引进。

三、企业高层次人才使用存在的问题

近年来，虽然随着现代企业制度的逐步建立，企业人事制度改革已取得明显成效，用人环境得到一定改善，但是随着经济全球化的迅猛发展，国际、国内形势发生了巨大的变化，管理制度的弊端日益暴露出来。这主要表现在：对高层次人才成长的价值规律认识不足，人才脱颖而出的成长环境没有形成，能力价值得不到科学的衡量和体现，积极性受到挫伤，人才的数量优势没有转化为质量优势。这些问题，既有观念体制上的问题，也有用人机制、创业环境方面的问题。

（一）管理粗放，用人观念陈旧

国有企业对高层次人才的使用还缺乏科学的认识，没有意识到企业的内部环境已发生了巨大变化，高层次人才的需求与价值取向也早已不同，因而没有摸索出一套适合高层次人才特点的使用、管理与激励的办法，仍采用过去党政干部的管理模式来管理高层次管理人才和技术人才。“见物不见人，重物不重人”的旧观念，“论资排辈，重学历资历，不重能力业绩”的旧传统，“由少数人选人”和“在少数人中选人”的旧习惯，“枪打出头鸟”的不良用人风气，“求全责备”的用人标准等过时的用人观念、用人制度和管理方式还没有改革到位，在企业还不同程度存在。职称评定仍沿用指标限制、资格评审的方式，重学历和资历，轻能力和贡献，重论文数量，轻工作实绩，个人自主申报、社会综合评价的社会化职称评审考核体系尚未建立。在这种制度下，管理功能远重于开发功能，不重视高层次人才的优化配置、合理使用、有效激励，考核方法单一，从而导致高层次人才数量短缺、配置不当、使用不佳、流失严重。

（二）用人机制不活，职业发展通道狭窄

一是企业内部还没有形成竞争择优的选拔机制。目前，企业内部公平竞争的用人环境还未真正形成，选拔方式单一，选人视野狭窄，高层次人才使用中还没能很好地坚持公开、公平、公正，以及优胜劣汰、竞争择优、能上能下的原则，尤其大多数国有企业在人才配置上还是实行单一的组织配置方式，未能迅速向市场配置转变，人才的选拔还没能打破地域、所有制度、身份的限制，浪费和埋没了潜在的高层次人才，没能真正做到“人尽其才，才尽其用”。个别单位在用人上还不同程度地存在不正之风，用人的标准不是“唯贤、唯能”，而是“唯亲、唯私”，使人才的潜能得不到发挥，抑制了人才自我价值的实现。

二是企业使用高层次人才的动力机制没有形成，“官本位”现象依然存在。由于受“官本位”思想观念的影响，目前在企业，级别仍是一个人能力高低的标尺，级别不同的员工工资、待遇、福利等方面也存在着差别。人们看一个人，往往会看他的职位的高低。因此，作为人才本身；就会消耗一定的精力去追求“政治上的进步”，并把自己是否被提拔与个人价值是否实现挂钩。这种状况

下，从实践上来说，只有少数人能够成长，大批人才的才能和智慧可能被淹没，价值得不到体现。如果一个人才的工作岗位不能使其发挥所长，他又长期得不到提拔重用，他就可能出现消极情绪，感到自己无用武之地，从而失去工作的动力。

三是职业发展梯级设计的不合理性和不平等性，抑制了高层次人才作用的发挥。职业发展设计通常采用双梯阶法，但在很多企业中，梯阶设计往往具有不平等性。与管理梯阶相比，技术梯阶常常无法在地位或报酬方面得到同等的认可。在一些企业中，最高层专业技术梯级比管理梯级低，或者在级别相同的情况下，专业技术人员的报酬比管理人员少。因此，对专业技术人员的奖励往往是将其提拔到管理层。有的企业不是把技术梯阶的上升作为给技术成就卓越的员工的奖励，而是以此来“安慰”某些“错过”管理职位的人，结果是技术梯阶没有储备优秀的技术人才，从而严重影响了技术梯阶的形象，使一些员工不愿意选择技术梯阶。在一些企业中，大量管理人员同时占用了专业技术梯级，使事实上从事专业技术岗位的人才失去了晋级的机会，影响了他们工作积极性、创造性的发挥。凡是技术好、业务强的人都以提拔为目标，那些管理能力强、技术稍差的员工因不能走上管理岗位而产生心理失衡，那些技术好、业务精、组织管理能力差的员工在被推上管理岗位后由于不熟悉管理，在工作中很难打开局面，业务技术也荒废了，从而造成了两种人才均不能很好发挥作用的局面。因此，处理好高层次专业技术人员与管理人员的职业发展关系，为高层次专业技术人员设计一个好的职业生涯发展梯阶并保持一个良好的信度，是目前高层次人才使用中的重要内容。

（三）薪酬制度不配套，缺乏激励性

由于国有企业管理体制的特殊性以及受到政策、制度的制约，企业很难根据需要对高层次人才采取包括提高薪酬、待遇等一系列措施，大量企业仍采用平均主义的分配方式，即使一些企业实行奖金制度，在分配过程中也没遵循多

劳多得的原则，收入分配档次不能拉开，挫伤了人才的积极性。一方面，我国企业还没有一套比较完整科学的薪酬支付制度。在高层次人才的薪酬结构中，与绩效挂钩的可变部分所占比例偏低，企业高层次人才的薪酬与企业一般人员的薪酬差距小，薪酬的中长期性激励不足，不利于企业的长远发展。企业高层次人才的收入总体水平普遍较低，其报酬与能力水平、所创造的经济效益和社会效益，以及其承担的责任和风险明显不对称，不能体现绩效优先的人才收入分配原则。另一方面，激励的方式比较单一，缺乏形式多样、自主灵活的分配激励形式。年薪制、股票激励、知识等要素参与分配等形式虽然得到普遍肯定，但由于缺乏具体可操作的办法，作用还未真正发挥出来。此外，激励政策偏重工资、奖金、住房、交通等物质方面的激励，而忽略了美国心理学家弗雷德里克·赫茨伯格（Fredrick•Herzberg）提出的激励因素—保健因素理论（双因素理论）中的激励因素，即高层次人才在工作成就、自我提升、个人发展等方面的需要。

（四）考核评价机制不完善，缺乏科学性

这主要表现在缺乏科学的用人标准和考核标准等方面。目前，我国企业在这方面很弱，或是根本没有标准，或是有标准但不客观，或者有标准但流于形式。根据一项针对专业技术人员的调查，有 41.9%的人对自己的工作目标部分了解或根本不了解，有 68.8%的人工作量不饱满，其中还有 1.2%的人工作量不足 20%。造成这种现象的主要原因是缺乏科学有效的考核评价机制。在企业高层次人才的考核评价上，考核评价指标的设计多是过去党政干部考核指标的翻版，即德、能、勤、绩四个方面。不管员工的工作性质是什么，也不管员工的工作内容是什么，所有员工的考核评价指标基本相同，考核评价缺乏针对性。

由于没有科学化、标准化的考核评价标准，企业在高层次人才使用过程中缺乏必要的反馈，不知道谁胜任谁不胜任，谁干得好谁干得差，高层次人才个人的创造性价值不能真正体现，因此也就无法对其实施有效的激励，更无法知

道谁最适合企业未来的发展，如何通过更有针对性的培养和锻炼促使其成长和发展。

（五）市场机制不健全，人才正常流动不畅，流失严重

一方面，企业高层次人才在产业之间、部门之间、行业之间、地区之间的流动受到诸多因素的制约。造成这一问题的原因，一是企业限制甚至抑制人才的流动，为人才的正常合理流动设置种种壁垒，欲流动人员对退出企业的巨大成本有所顾虑，不能正常流动；二是国家保障人才流动的政策机制不完善，社会保障制度不健全，人才流动的法规相对滞后，有利于人才流动的政策机制尚未完全形成；三是市场机制不健全，人才合理流动的市场环境不够成熟，企业用人制度僵化，高层次人才的流动仍以组织配置为主，人才跨岗位、跨部门、跨企业、跨地区的岗位交流尚未形成。高级管理者“能下”的机制没有真正形成，退出通道不畅；高级专业技术人员“能出”的机制不畅，该调整的出不去，该重用的得不到及时重用，高能低聘、人才积压或人才短缺的现象仍然存在。

另一方面，国有企业人才大量流失。国有企业人才流失的原因主要包括三类：一是事业环境原因，即企业自身存在不足，人才无用武之地，导致离职跳槽；二是收入原因，主要是一些外资企业、私营企业能开出相当诱人的报酬，国有企业难以做到这一点；三是个人原因，如家庭、生活、人际关系等。其中，收入的差别是导致国企人才流出的最主要原因。由于对企业在薪酬等物质激励、个人发展等方面的期望未能得到满足，受外部优厚环境的吸引，大量高学历、高技能的年轻人才，尤其是市场稀缺的专业技术人员，离开国有企业进入外资企业，或出国留学、技术移民等。

高层次人才的流失给企业造成了严重的负面影响，主要有：①投入损失。投入损失包括企业对流失人才先期投入的培训费用和为新补充员工付出的培训费用。②资源损失。经济竞争说到底是人才竞争，人才流失意味着最具竞争力的资源的流失。③企业文化损失。留下来的员工看到流失者得到了更好的发

展机遇或更大的收益，有机会也会另谋发展，工作无积极性。④经验技能损失。流失人才往往将其从原企业获得的经验和技能带给竞争对手，从而给原企业造成巨大损失。

第五节　企业高层次人才队伍建设的基本思路和指导原则

一、企业高层次人才队伍建设的基本思路

企业高层次人才培养、吸引和使用，是建设高素质、国际化的企业高层次人才队伍的三个重要环节。加强企业高层次人才队伍建设，必须站在加快推进社会主义现代化建设的高度，围绕我国走新型工业化道路和发展具有国际竞争力的大公司、大企业集团的战略，按照时代发展的要求和企业高层次人才成长的规律，逐步解决企业高层次人才培养、吸引和使用中存在的突出问题，努力实现思想观念、管理制度和运行机制的创新，大力促进培养、吸引和使用三个环节的有机结合，不断提高人才工作水平，不断增强企业凝聚力，真正创造出企业高层次人才不断涌现、企业先进生产力不断发展的大好局面。

企业高层次人才培养、吸引和使用的基本思路是：

在企业高层次人才培养方面：加强企业高层次人才培养的政策引导，建立健全企业高层次人才培养制度；继续加大投入力度，努力扩大企业高层次人才培养规模；进一步促进科技、教育与企业的紧密结合，积极探索企业高层次人才的市场化、国际化培养途径和培养方式；不断加强企业高层次人才的能力建

设，重点提高他们的创新能力、创业能力和参与国际竞争的能力。

在企业高层次人才吸引方面：坚持内部培养和外部引进相结合的原则，积极开发、利用国内和国际两个人才市场、两种人才资源；加快建立和完善企业高层次人才吸引的政策体系，彻底打破制约人才流动的地域性障碍、体制性障碍、行业性障碍和身份性障碍，努力创造各市场主体公平竞争的良好环境；大力扶持企业家文化建设，不断提升企业高层次人才，特别是企业高层次技术人才的市场价值和社会地位，进一步引导和吸引大批优秀人才投身于我国企业发展事业。

在企业高层次人才使用方面：坚持以人才为中心，不断强化市场竞争机制，逐步形成公平竞争的用人环境，大力促进优秀人才脱颖而出；继续深化企业改革，建立和完善现代企业制度，努力提高企业科学化管理水平，精心打造企业高层次人才的创业舞台；创新人才管理机制，建立健全符合企业高层次人才特点的考核评价机制和有效的激励机制，充分调动企业高层次人才的积极性、主动性和创造性。

企业高层次人才培养、吸引和使用的核心是使用。培养和吸引，最终是为了使用。只有通过使用，才能使人才实现自我价值，为企业创造价值。与一般人才相比，高层次人才更加注重事业成功和自我价值的实现。因此，在处理企业高层次人才培养、吸引和使用三者之间的关系时，必须牢牢把握使用这个核心，大力促进培养、吸引和使用的有机结合，逐步形成育才、聚才、活才的强大合力，迅速提升企业高层次人才队伍建设的水平。

二、企业高层次人才队伍建设的指导原则

企业高层次人才队伍建设，必须坚持以下四项指导原则：

（一）坚持党管人才原则

以习近平新时代中国特色社会主义思想总揽全局，以有利于加强企业高层次人才队伍的建设和促进企业先进生产力的发展为宏观调控价值准绳，统一制定企业高层次人才培养、吸引和使用的政策体系，统一规划企业高层次人才队伍建设的重大方向与重点发展领域，统一引导企业高层次人才培养的宏观结构布局和重大资源配置，统一安排企业高层次人才队伍的重要制度建设，统一部署企业高层次人才队伍建设的重大行动计划，全面提高各层级、各部门、各环节协同作战的能力，加快我国企业高层次人才队伍建设的步伐。

（二）坚持分类管理原则

加强企业高层次人才培养、吸引和使用，必须按照企业高层次人才成长规律的要求，明确企业高层次人才与党政管理人才的差异，高层次人才与一般人才的差异，高层次人才之中各类管理人才和技术人才的差异，努力构建具有企业高层次人才职业特点的政策法规体系和一整套管理办法。

（三）坚持市场竞争原则

充分发挥市场竞争机制在企业高层次人才培养、吸引和使用中的检验与选择作用，逐步实现企业高层次人才在市场竞争机制中产生，在市场竞争中流动，并在市场竞争中检验其实绩，评判其优劣，决定其去留，逐步建立规范的、具有一定规模和较高信誉的企业高层次人才市场，进一步优化企业高层次人才配置，提高企业高层次人才队伍整体竞争力。

（四）坚持爱才惜才原则

企业高层次人才是社会稀缺资源。企业高层次人才的最大特点就是勇于创新、敢于冒险、敢于竞争，具有永不满足的创业冲动。加强企业高层次人才培养、吸引和使用，必须激发企业高层次人才的改革创新精神和创业热情，不求全责备，积极营造和维护爱才惜才的宽松环境和良好氛围。

第六节　企业高层次人才队伍建设的对策

企业高层次人才队伍建设是一项系统工程和战略工程，既涉及体制、机制问题，也涉及政策、环境问题。加快企业高层次人才队伍建设，必须立足于经济全球化，与我国的市场经济发展需要相适应，从观念、体制、机制、环境以及人才培养、引进、使用、稳定、配置等诸多方面采取措施，充分发挥政府的调控引导作用和企业的用人主体作用，努力创造有利于优秀人才脱颖而出和发挥作用的环境，真正做到用待遇留人、事业留人、感情留人，做到高层次人才育得出、引得来、留得住、用得好、流得动。下面，笔者从我国实际出发，就高层次人才队伍建设的对策进行阐述。

一、发挥政府宏观主导作用，推动用人企业主体到位

（一）发挥政府在高层次人才开发上的主导地位和作用

人才的脱颖而出和人才资源的开发需要一个良性的宏观环境，这种宏观环境的形成必须依赖于政府的宏观调控。政府在这方面的作用主要体现在以下五个方面：

1.制定长期人才开发战略

国际经验证明，人力资源开发是一个巨大的工程，必须有一个切合实际的战略发展规划，提出明确的、具体的、可操作的战略目标、战略重点、战略指导思想以及相应的对策与措施。这个战略应是国家的思想，要由相关部门统一制定，要与国家的经济、社会发展同步进行。

2.创造一个高质量的人才资源投资环境

人才资源的投资是人才资源开发中极为关键的环节。在计划经济时代，这方面的工作比较单一。现在，我国正处于市场经济时期，我国的人才资源开发面临着各种各样的机会，人才资源的体制和运行过程必将发生变化。政府除了要继续做好国家的基础性人才资源投资，还要通过参与人才市场活动、调节人才资源投资方向和结构等方式，来优化人才资源配置的格局，创造一个高质量的人才资源投资环境。

3.营造一个开放的社会环境

社会的开放是涵盖政治、经济、思想各领域的全面开放。开放是人才资源培育和发展不可或缺的社会构造。坚持开放，人才就能掌握先进的技术；坚持开放，人才的思想就能得到深层的激活，人才的积极性和聪明才智就能得到更大程度的开发；坚持开放，就能够营造合理的人才流动局面，实现“人尽其才，才尽其用”。历史已经证明并将继续证明，一个开放的社会比一个封闭自守的社会更有利于人才的培养。我国的改革开放政策已经在造就开放的社会和开放

的中国方面取得了较大的成就，但人才资源开发的总体目标还要求政府在这方面做出更大的努力。

4.提高社会的竞争度

社会竞争度是指一个社会领域的人对于一个共同目标或为取得更有利的发展条件而进行争夺的激烈程度。竞争具有一种天生的激发效应，其本身是一种淘汰机制，更是一种选择机制。一方面，竞争的直接结果就是分出胜负和优劣，任何人要想不被淘汰，必须也只能充分发挥自己的聪明才智；另一方面，竞争是一种平等的社会互动行为，无论什么人，只要拥有才能和实力，就可参与竞争并在竞争中取得一席之地。因此，社会较强的竞争性还具有吸引人才、选拔人才的作用。社会主义市场经济在本质上是竞争的经济。

5.维护社会公正

维护社会公正的根本目的在于实现平等与效率、整合与发展的协调。公正合理的法律、政策和社会制度是人才辈出不可缺少的条件。政府在这方面应加强对社会的结构调整，总体原则是：凡是基于世袭性、继承性或违背社会法规进行交易的关系，都尽力加以削弱；与个人知识、能力、成就相联系的关系，则应予以保留和加强。

6.加大对教育的投资力度

人力资源的生产需要具备诸多条件，通过多种途径实现，教育则是这种生产的最基本条件和最重要途径。通过教育，人具备了从事社会劳动所必需的智力、知识和技能，并在工作中不断提升个人能力，为企业创造价值，逐渐成长为高质量的人力资源。“十年树木，百年树人”就是这个道理。政府必须加大对基础教育和高等教育的投资，只有这样，才能提高全民族的文化素质，为高层次人才培养提供人才基础和支撑。

（二）企业作为用人单位应尽快主体到位

我国企业高层次人才队伍建设中存在的突出问题是用人主体不到位，特别是国有企业对人才的需求不够重视，对人才的吸引、留住、培养研究不够，缺少措施办法。因此，加快实施企业高层次人才开发战略，必须采取强有力的措施推动用人主体到位。

1.树立人力资本观念，强化用人主体的人才意识

人力资本投资是世界资本市场最好的投资。世界银行的一项研究表明：世界上64%的财富是由人力资本构成的。随着知识经济时代的到来，世界财富正在发生历史性的大转移，主要是从物资拥有者手中转移到智力、知识资源拥有者手中，人力资本投资成为回报率最高的投资。对人力的投资是人力资本最大化的有效途径，也是发展经济的重要途径。企业是用人主体，也是人才开发的主体。要加强教育引导，进一步强化企业决策层、管理层的人才资本意识和人才观念，推动企业重视人才、培养人才、吸引人才、留住人才，加大向人力资本投资的力度，把企业推向高层次人才开发的主战场，突出企业在人才开发中的主体作用。

2.制定鼓励、引导企业开发高层次人才的政策

鼓励企业设立人才基金，专项用于人才引进和奖励等工作，对企业用于人才基金的支出免收或减收部分税费或进行税后返还。企业从海外引进所需要的高层次人才遇到困难的，由政府相关部门协助企业进行沟通协调，解决相关问题。进一步加快建立现代企业制度的步伐，搞活企业人事制度和分配政策，赋予企业真正的用人自主权和分配自主权。积极推动企业跨行业、跨区域聘请高层次人才兼职和吸收引进智力成果。给予高层次人才队伍建设成效明显的企业适当奖励。

3.注重战略性人力资源管理

企业要培养、吸引、稳定和使用好高层次人才，必须建立一套适应时代要求和高层次人才成长特征的人力资源管理制度。高层次人才是企业发展过程中起关键性和决定性作用的群体，企业首先要制定富有弹性的高层次人才开发规划，树立人性化的管理理念，充分了解高层次人才的需求。其次，要制定合理的薪酬分配制度和激励制度，进行薪酬待遇激励、事业发展激励、职业培养激

励、情感文化激励，实现企业与个人的协同匹配发展。再次，要加大人力资本投资力度。培养和使用人才需要成本，吸引和招募人才也需要成本。人力资本投资是企业投资的重要组成部分，企业不但不能忽略人力资本投资，还要逐步加大人力资本投资力度。

二、优化人才成长环境，形成高层次人才队伍建设的良好社会氛围

人力资源作为一个国家竞争力的源泉，必然成为各个国家竞相吸纳和争夺的核心战略性资源，而人力资源的全球化竞争又是一种无准入过程、无交易条件的完全竞争。一个国家能否吸引世界优秀人才，取决于这个国家能否为各类人才提供一个良好的成长和事业发展的环境。从本质上来说，国际各经济实体之间的人才竞争是人才生存环境的竞争。

人才具有创造性、流动性和群落性等特点，人才的成长既同教育体系有密切关系，也受环境影响。在经济全球化的大背景下，货物、服务、资本、信息的流动性很强。人才也像其他商品一样，受到价格因素的影响而流向报酬高的国家和地区。由于我国企业特别是国有企业人员多、包袱重、人均经济产值低，因此在引进人才的薪酬待遇和经济实力等方面，与国际上有名的跨国公司同台竞争时很难打“价格战”。而为人才创造适宜的发展空间，在创造人才回流的宽松环境与创业条件上下功夫，靠事业留人、靠感情留人，是我国企业明智的人才战略选择。从客观上看，我国企业在高层次人才吸引和现有人才稳定方面存在的核心问题是环境问题。因此，加快我国企业高层次人才队伍建设，必须着力营造有利于高层次人才成长的整体环境。

（一）创建良好的社会环境

要以学习贯彻中央人才工作会议精神为契机，加强宏观引导，在全社会营造“尊重劳动、尊重知识、尊重人才、尊重创造”，鼓励人们干事业、支持人们干成事业的社会氛围。要充分宣传党中央根据国际国内形势的发展，站在加快推进社会主义现代化建设的高度，做出的“人才资源是第一资源”的科学判断，确立“科学技术是第一生产力”“人才是第一资本”“人才资源是第一资源”的观念。充分宣传党中央提出的人才强国战略和党管人才原则。正确认识到在社会主义市场经济体制下，人才将是经济和社会发展的动力源和决定性因素，人才将成为最宝贵的社会财富。充分宣传党中央确立的人才工作的基本思路和宏观布局。研究借鉴发达国家人才管理的先进经验，将现代化管理手段引入人才管理领域，实现人才管理的科学化、制度化。

（二）建立良好的政策环境

政策在人才开发中具有重要的导向作用。要适应市场经济发展需要，努力形成公开、平等、竞争、择优的用人环境，建立和完善能上能下、充满活力、促进优秀人才脱颖而出的用人机制。要按照有利于培养人才、引进人才、留住人才、优秀人才脱颖而出和发挥作用的要求，对涉及高层次人才队伍建设方面的政策进行认真梳理，结合新的形势和任务，从促进高层次人才成长出发，全面系统地制定、实施关于加快人才开发的政策规定，为高层次人才创业发展提供宽松的政策环境。

（三）建立完备的法制环境

人才开发涉及一系列利益关系，必须有完备的法制环境作保障。要进一步加强人才人事立法和执法工作，运用法律手段解决人才培养、人才引进、人才使用、人才流动等方面存在的问题和争议，依法保护用人主体和人才的合法权益。例如个人知识产权、股票期权的保护问题，用人单位培养费用的违约补偿、流动中的竞业避止、人才安全问题等。

（四）营造良好的创业环境

1.营造良好的工作环境，提供良好的工作条件

良好的工作条件是做好工作的基础和前提，企业应尽可能为高层次人才提供优越的工作条件。这包括许多方面，比如对于高层次专业技术人员，一个重要的条件是给予其适当的从事科研技术开发的启动资金，搞好实验室等硬件建设。重点实验室要尽可能配备先进的仪器、设备，关键项目要有一流的设备。企业在这方面要舍得花钱、敢于投入，千方百计地为高层次人才创造好的工作条件。

2.营造和谐融洽的人际环境，建立良好的人际关系

对海外人才和留学回国人员来说，由于受到国外不同文化和教育观念的熏陶，他们在回国后大多不适应国内的人际关系环境，国内的人员也可能一时接受不了他们的一些行为方式和思维方式，所以比较容易造成误会，如果处理不好，就会产生不良效果。因此，企业要营造一个好的人际氛围，使高层次人才采取相互包容和理解的态度，多交流，多沟通，互敬互爱，真诚相处，团结互信。

3.营造民主活泼的学术环境，鼓励高层次人才创新、冒尖

坚持百花齐放、百家争鸣的方针，倡导生动、活泼、民主、团结的学术氛围。坚持学术无禁区、允许发表个人的不同观点的原则，尊重特点，鼓励创新，表彰成功，正确对待失败，进一步形成互相切磋、取长补短、平等交换意见的学术氛围。科学探索是认识真理的实践过程，出现曲折、失误甚至失败是难免的。从马克思主义认识论的角度看，成功的探索可以取得接近真理的认识，失败的探索可以成为接近真理的过程。形成鼓励创新、鼓励探索的良好环境，减少人才创新、探索的后顾之忧，是成功创新的重要条件。信任是激发人才的创新能力、使人才发挥作用的重要条件。

4. 营造舒适的生活环境，为高层次人才的生活提供良好的社会保障

企业高层次人才特别是高级专业技术人才、学者、专家和留学归国人员刻苦钻研、甘于奉献，辛勤工作在企业的生产和科研一线，企业理应为他们创造舒适的生活环境。这也是高层次人才出成果的重要条件。如果他们的居住环境“脏乱差”，工资收入不理想，每天为生活奔波，那么他们的工作就会受到影响，可能会出现难以全身心地进行技术创新和学术研究的情况。

（五）优化社会公共服务环境

服务环境是国家和社会开放程度与现代化水平的一个重要标志。要按照市场经济的要求，进一步转变政府职能，转变工作作风和工作方法，简化办事程序，提高办事效率。凡涉及人才引进、人才培养、人才使用、人才稳定、人才创业、科技立项、成果鉴定、专利认定与保护的审批工作环节，都要实行限时服务、承诺服务、上门服务，坚持急事急办、特事特办，开设绿色通道。

（六）营造良好的文化环境

先进的文化事业是凝聚高层次人才的载体。一方面，政府要大力发展公共性科教文化事业，提高全民族文化素质，大力开展爱国主义和集体主义教育，弘扬健康向上的民族精神，使人们树立正确的价值取向；另一方面，企业要加强企业文化建设，用先进的企业文化和管理理念吸引人才、凝聚人才、鼓舞人才。

三、创新培养机制，完善企业高层次人才培养体系

人才培养的过程就是人才成长的过程，加强社会主义市场经济形势下的人才培养，全面提高人才的素质，已成为开发和利用人才资源的关键，成为经济和社会发展的重要条件和保证。要使企业在经济全球化的市场竞争中长盛不

衰，就必须把培养企业高层次人才作为一项战略任务，依据高层次人才成长的规律和特点，建立一个环境宽松、职责清楚、机制灵活、适应社会主义市场经济和企业发展需要的高层次人才培养体系，坚持高起点、国际化、多渠道、多方式、大力度培养企业高层次人才。

（一）创建灵活、高效的高层次人才培养的新机制

1.建立企业内部轮岗培养机制

我国企业，尤其是国有企业，人才内部流动性极差。一个人在一个岗位上一干就是几年、十几年或更长的时间。高校培养的学生专业面窄，就业面更窄，长时间下去，他们的知识和能力的发展就会被限定在一个非常狭窄的范围内。具有一定潜质的人才，一般在 3～5 年内就已熟练掌握他所从事工作的技能，如果再干下去，他的探索意识和创新意识就会变弱。这种僵化的人事管理制度限制了人才的发展与成长，难以培养和造就高层次人才。因此，企业应深化人事管理制度改革，改变现有的管理模式，重视人才的培养，注重人本化管理，提倡企业和个人共同发展，在企业内部建立科学、合理的流动培养机制。

首先，要明确这种流动机制是以培养人才为目的的，是符合企业发展需要的。其次，要根据企业发展状况、人才培养目标确定流动计划。最后，要根据人才具有的素质特征确定流动方向。流动可先在本学科范围内，然后跨学科。流动时间应根据实际情况确定。

流动培养机制实际上是强化实践锻炼，有利于调动和激发人才的积极性和创造性，有利于拓宽人才的知识面，有利于提高人才的能力，也有利于企业发现人才和选拔人才。

2.建立和完善继续教育机制

人才的成长是遵循质量互变规律的。继续教育是积累人才能量、提高人才素质的量变过程，是知识更新、传播和应用的有效途径。要使继续教育成为各类人才的终身教育，加强培训机构的管理，加快继续教育基地建设，发展远程

继续教育网络，鼓励各类人才自觉接受继续教育，并开展多种形式的继续教育活动。

一是要逐步建立“政府调控、行业指导、企业自主”的继续教育管理体制，加强宏观规划与协调，强化继续教育的管理职能。引进竞争机制，鼓励和支持企业、国内科研院所或国外跨国公司建立继续教育基地。二是科学构建各类人才培训网络。从提高培训质量出发，按照“谁管理、谁培训”和精简高效的原则，对现有人才培训机构进行优化组合，充分开发、利用高校和社会培训资源，走联合、开放的道路，提高人才培训资源的使用效率。三是完善继续教育考核制度，把考核结果与职务晋升、人才流动、职业转换结合起来，逐步建立终身教育体系。四是适应现代化建设与企业发展的需要，更新和充实继续教育和培训的内容，主要围绕产品结构的调整，高新技术项目的开发，科技成果的推广应用，引进技术设备的吸收与创新，以及与市场经济相关的工商管理、经贸、法律等内容的知识更新。建立健全继续教育统计、登记、评估和奖励制度。

3.建立培训动力机制

人才培训的动力来源是什么？从企业的角度来讲，是通过提高员工的素质，增强企业的竞争能力，促进企业的发展。对个体而言，则是实现自我提升，达到个人的发展目标，实现自身的价值。对人才个体来讲，开发自我、发展自我最为重要。对于高层次人才的培养，企业可以依此建立培训动力机制。第一，为有发展潜力的人才进行职业生涯设计，引导他们确立向更高层次发展的奋斗目标；第二，制订适宜的培训计划；第三，把培训视为一项福利或奖励，使个人价值得到充分的体现、人格得到充分的尊重。要通过建立动力机制，变“要我学”为“我要学”。

（二）加大投入，构建企业高层次人才培养的新模式

企业高层次人才培养模式是企业根据人才培养目标和质量标准，对培养过程、培养方式、培养内容的规划和构建，是实现培养目标的途径。培养目标应

定位为：培养具有高素质、高层次、复合性、创造性的人才。高素质指具有良好的综合素质，包括思想政治素质、业务素质、文化素质、身体素质与心理素质。高层次指掌握本学科的前沿理论和技术。复合性指专业面宽，掌握多门相关学科的理论与技术。创造性指具有比较强的创新意识和创新能力。

构建高层次人才培养模式，必须坚持知识、能力、素质的辩证统一。知识是能力和素质的载体，包括科学文化知识、专业基础与专业知识、相邻学科知识。能力是在掌握了一定知识的基础上经过实践锻炼而形成的。丰富的知识可以促进能力的增强，强的能力可以促进知识的获取。能力主要包括获取知识的能力、运用知识的能力和创新能力。素质是指人在先天生理基础上，受后天环境及教育的影响，通过个体自身的学习、努力和社会实践，形成的内在的、相对稳定的、长期发挥作用的身心特征及其基本品质结构。高的素质可以使知识和能力更好地发挥作用，促进知识的丰富和能力的增强。只有注重素质教育，重视创新能力的培养，才能适应经济社会和企业发展对人才的需要。应当逐步扩大国家对基础教育的投资，鼓励个人、企业投入教育事业，改革人才培养方式、教育管理体制、教学理念和教学方法，构建高层次人才培养的新模式，拓宽高层次人才培养的渠道。

1.拓展企业博士后工作站培养模式

我国的博士后制度开始于 20 世纪 80 年代。博士后制度保证了博士后研究人员在科研单位和企业间的流动，促进了学术交流和相关学科、交叉学科及前沿学科的发展，加快了科技成果的转化。多年来，这一制度为我国企业培养了一批又一批优秀人才，形成了一条培养高层次人才的成功之路。要积极建设和发展企业博士后科研工作站。企业根据发展需要，选定与企业发展相关的前瞻性、前沿性和企业难解的科研课题，由企业投资，吸引博士进站工作。这种培养模式把教育、科研和生产结合起来，既培养了高层次人才，又增强了企业科研和技术创新的能力，促进了企业经济效益的提高，还吸引了部分博士后留在企业工作。

2.“虚拟”科研组织培养模式

国外的经验表明，企业完全可以成为技术进步和创新的主体，成为高层次人才培养的基地。我们要加快科技体制改革步伐，促进科技与经济的紧密结合。在鼓励技术开发类科研院所进入企业或改制为企业的基础上，可让科研院所与企业通过协议联合构建“虚拟”科研组织机构。这种科研组织机构在形式上是“虚拟”的，即企业和科研院所原有的组织结构不发生任何变化；在科研上是实在的，即科研院所的专家到企业去，与企业共同承担企业发展所需的科研课题，在科研的过程中培养企业的人才。把“虚拟”科研组织机构作为人才培养的基地，课题经费由企业提供。这种模式不但为企业培养了人才，而且解决了企业科研力量不足的问题，促进了企业的科技进步。

3.企校联合培养模式

鼓励企业与高等院校紧密合作，建立一套完整的培训制度和方法。企业依靠高校的教育资源，建立“人才培养中心”，加速开展对企业经济管理思想和新技术、新工艺的研究。高校承担对企业派遣的经营管理人员和技术人员的培训工作。企业应给予高校一定的资金投入，国家从建设企业高层次人才队伍的角度也应给予高校一定的投入或资助。“人才培养中心”应有科学研究和人才培训两项功能。研究的内容必须是企业发展中最需要的方面，要讲究实用性和时效性。人才培养应满足企业的需求，注重创新能力的培养。

四、健全市场体系，创造企业高层次人才公平竞争的环境

事物的发展存在着相互竞争，相互竞争又推动着事物的发展。竞争与发展对立统一，没有竞争就不会有发展。传统体制下，企业用人全由政府的组织人事部门依计划而定，实行组织分配，没有个人的选择余地。这种用人方式容易

背离“人尽其才”和效益最大化原则，导致出现高层次人才部门所有、地区所有、行业所有的现象，出现学非所用、用非所长的现象，出现论资排辈的现象，造成高层次人才资源的闲置和浪费。在市场经济条件下，只有把现代经营管理者、技术专家和管理专家放到市场中，让他们参与竞争，他们才能找到适合施展才华的地方，才能够在市场经济的拼搏中脱颖而出。建立高层次人才的竞争机制是社会发展的需要，是企业发展的需要，也是高层次人才自身发展的需要。

（一）建立企业高层次人才市场，发展国内猎头服务业

发达国家的经验表明，国家科技、经济的兴衰与人才市场的成熟程度及运作效率密切相关。要实现高层次人才资源的合理利用，就必须建立统一、开放、规范、有序的高层次人才市场，通过市场建立适应现代企业制度要求的选人用人竞争择优机制，把组织考核推荐与引入市场机制和公开向社会招聘结合起来，由社会和企业决定所需的人选，以保证所用人才的质量，确保企业高层次人才资源的优化配置，达到企业选用人才渠道畅通和实现人尽其才的目的。要充分发挥人才市场调剂人才余缺的“晴雨表”功能，研究制定动态的人才报价指导和薪酬参考标准，定期发布高层次人才市场工资指导价位，为用人主体招用高层次人才提供参考依据，也使各类高层次人才能对自身价值有较为准确的定位。同时，积极创建网络人才市场，充分利用现代化信息技术，建立覆盖全国并与国外联网的人才信息网络和信息库，增强我国高层次人才市场的辐射力。要在企业内部实行岗位目标管理，竞争上岗，通过公开、平等的竞争，逐步创建“能者上、平者让、庸者下”的企业内部竞争择优机制。

加快国内猎头服务业的发展，规范猎头服务行为，发挥猎头服务在引进企业高层次人才中的功能性作用。高层次人才的流动一般具有隐蔽性，从国际人才市场竞争的实际情况看，高层次人才流动一般通过猎头中介公司来运作，这样可以降低人才流动和用人单位引进的风险。但由于我国人才市场发育较晚，猎头服务不够健全和规范，还无法适应我国企业高层次人才引进的需要。所以，

要支持和大力发展民族的猎头公司，加快国内猎头服务的发展，利用猎头服务业信息灵敏的优势，为企业引进高层次人才特别是海外人才创造条件，并为高层次人才提供精品服务。

（二）创造公平竞争的环境，引导高层次人才向企业流动

运用市场机制优化配置人才资源是发展社会主义市场经济的根本要求。一方面，政府应制定宏观调控政策，引导人才的合理流动，控制流动中出现的不符合市场经济规律和国家人事管理政策的行为。另一方面，政府也要尽快淡化目前在实际的管理和运行体制中仍然存在的计划经济体制下对国有企业采取的命令式的管理方式，努力完善企业高层次人才发挥作用的法制环境和政策环境。一是要加快现代企业制度建设，完善法人治理结构；二是要在依法对国有资产进行监管的同时，进一步界定所有权与经营权，切实落实企业法人财产权，使国有企业真正成为市场主体和法人主体，其经营的自主权得到充分尊重和有力保障；三是各级地方政府也应对中央管理企业一视同仁，平等对待；四是要取消一切影响国有企业与外资企业、合资企业、民营高科技企业公平竞争的政策和外部环境上的障碍，营造公平竞争的市场环境，放宽人才政策，按社会对人才的需求，按人才的市场流向，促进人才的自由、合理、有序流动。应打破人才的地域、单位、部门、户籍、身份等界限，破除人才流动上的种种障碍和壁垒，取消人事管理的种种限制，建立统一开放、竞争有序的人才流动市场机制。

制定高层次人才向企业流动的倾斜政策，引导高层次人才向企业流动。一是要加大高层次人才到企业工作的资助和政策倾斜力度，鼓励人才流向企业工作，改变高层次人才目前分布不合理的状况，以充分发挥其创造作用。二是要尽快建立固定岗位与流动岗位相结合、专职与兼职相结合的宽松的人才管理制度，鼓励科研院所、高等院校和事业单位的高层次人才到国有大中型企业进行兼职，充分发挥其创造潜能，解决知识资本闲置问题。三是要继续推动产学研

深度融合，利用企业在实际应用中的优势，通过合作形式推进科研成果转化，取得人才效益上的“互利双赢”。

企业在吸引人才方面，除转变人才观念、利用好国家政策、创造良好的环境之外，必须有切实可行的人才开放政策和人才引进管理体制，做好吸引高层次人才到企业工作的各项基础工作。一是要积极实行面向社会公开招聘的办法，引进高层次人才，做到职位公开、条件公开、待遇公开。二是要搞活柔性流动，将引才与引智相结合。按照“不求所在，不求所有，但求所用”的柔性引进原则，可以采取调入、聘用、借聘、租用的形式，也可以采取兼职、参与课题研究、技术攻关与开发、技术咨询、技术合作、技术入股和投资领办创办实业等形式。三是要创新用人制度，实行人事代理或人才派遣制。由人才服务中心“一条龙”办理具体引进事宜，保管引进对象的人事关系和个人档案，或直接按劳务派遣到企业工作，企业只负责用人而不养人，这样既降低了用人风险，也解除了高层次人才的后顾之忧。

五、加强人本管理，创新企业高层次人才分配激励机制

现代企业的管理以人为本，以人才为中心。党中央提出“尊重劳动、尊重知识、尊重人才、尊重创造”，充分体现了以人为本的理念，充分体现了我们党对人才资源的重要价值和作用的高度重视。以人为本、以人才为中心的根本目的就是调动和发挥人才的积极性与创造性，其最有效的手段就是激励。在知识经济时代，知识就意味着资本，创新就意味着产出和效益，人才知识和技术的投入能否得到合理的回报，将成为人才关注的焦点。因此，企业要建立有效的激励机制，最大限度地调动高层次人才的积极性和创造性，充分开发高层次人才的潜能，为企业创造更多的财富。

建立和完善激励机制必须从企业实际出发，注重物质、精神及情感激励模式的建立，加大人力资源开发及利用力度。现有收入分配制度需要进一步改革，

在“效率优先，兼顾公平”的基础上，建立符合市场经济规律和有利于高层次人才发挥作用的分配制度和分配方式。允许和鼓励资本、技术、管理等生产要素参与分配，建立产权激励制度，最大限度地调动高级管理人才和高级技术人才的积极性。

（一）经营管理者及企业家的分配激励

对企业经营者及企业家可实行年薪制、参股制、业绩奖金制等不同形式的激励机制，使其收入与企业经营业绩挂钩。

1.年薪制

年薪制是国际上通行的对经营者的一种薪酬制度。其精髓是以业绩论功过，看效率定薪资，建立以业绩、效益为主的考核标准。其实质就是为经营者明码标价。实行年薪制，较好地解决了经营者的付出与报酬的矛盾，体现了按劳分配的原则；较好地解决了经营者报酬与企业效益脱节的矛盾，激励着经营者尽力追求企业利润的最大化；规范了经营者的经营行为，避免了短期行为。只有给财富的创造者以财富，给巨额财富的创造者以巨额的财富，才能稳定经营者队伍，才能吸引优秀人才。

2.参股制

给企业经营管理者及企业家以股权，亏损企业为虚拟股权，盈利企业为奖励股权，新上任经营者为预期股权。成就卓著的企业经营管理者及企业家将拥有越来越多的股份，有些中小企业的经营者临到退位时可能成为较大的股东。这样做可以激励企业家们像办私营企业或自己的企业那样来办国有企业、集体企业。

3.业绩奖金制

在企业经营管理者及企业家管理经营企业期间，为其规定利润目标，超过利润的部分，企业家可以按一定的比例提取业绩奖金。这是由于奖金直接与经营绩效挂钩，激励作用比较大。

（二）技术专家和高级技能人才的分配激励

目前国有企业的收入分配机制是国家控制工资总额，企业工资跟着效益走，工效挂钩的分配机制。但技术创新具有不确定性和风险性。因此，技术创新的收益应由现在的主要与效益挂钩转向主要与劳动力市场挂钩。技术人员创造的技术成果或专利应在收入分配上体现出来，技术人员应该拥有部分技术成果或专利和知识产权，这是激励与凝聚人才的重要手段，也是保证技术人员有强烈技术创新动力的途径之一。

所以，技术人员的薪酬是一种分享式的报酬体系，应当从技术创新成果的预期收益中得到回报，其收入应由当期收入和预期收入两部分组成。技术人员的工作是以新技术为对象，工作时间和效益具有不确定性，强调的是知识和精力的投入。技术人员的薪酬激励制度要体现价值性和公平性。提高待遇一方面是提高基本工资水平，另一方面是改变分配结构，重业绩而不靠年资，待遇水平向市场靠拢。基本原则是一流人才、一流业绩，得一流报酬。

对技术专家和高级技能人才的薪酬激励可采取多种方法：第一，建立收入与企业经济效益和本人工作业绩挂钩的分配制度。要参照劳动力市场价位，合理确定工资收入；鼓励技术专家和高级技能人才的创造性劳动，所创造的技术、管理成果或专利应在收入分配上体现出来，使其拥有与其贡献相当的股权。第二，建立专家津贴制度。改进政府特殊津贴制度，加大选拔力度，提高津贴标准；建立专家岗位津贴，凡在专家岗位上工作的高层次技术人才，每月发放一定的专家岗位津贴。第三，建立高层次人才奖励制度。建立以政府为主导、社会参与的多元化奖励机制，形成国家、地方政府、企业多层面的奖励格局。对科研、生产中做出重大贡献的技术专家和高级技能人才给予一次性重奖。

（三）给企业家以较高的政治荣誉和社会地位

要重视精神鼓励的作用，通过表彰、奖励等形式，增强企业经营者的成就感和荣誉感。第一，给成绩卓著的企业家以较高的社会地位和政治荣誉。有参政议政能力的企业家还可以参加人大、政协等组织，发挥其在国家政治生活中的作用。第二，由国家和各省政府向企业家授予相应的荣誉。第三，为企业家创造良好的经营环境。政府公务员要廉洁奉公，真心诚意为基层着想，全心全意为企业办事。第四，制定企业家管理条例，保护企业家的合法权益，使企业家们有一个“安全网”，消除其后顾之忧。

六、创新人才管理机制，完善企业高层次人才使用环境

使用好企业高层次人才是企业高层次人才队伍建设最重要的一个环节。针对目前企业高层次人才使用中存在的问题及成因，企业要以选好人才、用好人才、用活人才为目的，树立使用人才的新观念，逐步建立与社会主义市场经济体制相配套、党和政府宏观管理、社会公正评价、企业自主聘用的具有竞争机制和激励机制的人才评价和使用体系。

（一）建立和完善社会化的高层次人才评价体系

社会化的高层次人才评价体系的建立是新时期社会发展与进步的需要，对于合理地开发利用高层次人才资源，形成“人尽其才，才尽其用”“尊重知识，尊重人才”的良好社会氛围具有积极的作用。

由于高层次人才类型不同、社会角色不同、素质要求不同，因此可分别建立不同的评荐系统。比如，以经营管理者为基础、企业家为核心的“企业家评荐系统”，以企业管理专家和科技专家为对象的“专家评荐系统”，以特色技能人才评价为主题的“高级技能人才评价系统”等。

建立高层次人才评荐系统，需要做好以下几个方面的工作：一是组建由高级专家构成的社会化、专业化的评荐组织或机构；二是逐步建立社会公认的具有高信度的评荐标准，研究制定符合企业不同类型的高层次人才特点的评价方法，选择合适的测评工具，开发比较科学、实用的高层次人才测评的软件系统；

三是建立高层次人才职业资格准入制度，推行针对企业家的职业资格制度、针对管理专家的执业资格制度和针对科技专家的专业技术职务任职资格制度，建立一套科学的职业资格标准体系；四是加强对评荐工作人员资质的管理，提高从业人员素质；五是建立一套能够规范评价系统按照市场化的公开、公平、公正原则运行的法规体系，达到为企业用人提供客观、公正的参考依据的目的。

另外，要建立企业内部的考核评价机制。在考核内容上，产权部门重点考核经营业绩和工作实绩，兼顾市场风险防范能力和发展潜力。在考核评价方式上，要改变企业目前内部多部门共同参与的评价方法，逐步实行由中介机构或行业协会、学会等进行统一评价的办法。引入相对业绩评价理论，考核时参照同行业同类企业的经营水平和经营状况，完善企业经营业绩考核评价指标体系和系统软件，逐步建立业绩档案，增强考核评价的科学性，以保证对高层次人才评价和使用的公平、公正。

（二）建立新型的高层次人才用人体系

在人才管理制度创新方面，应根据社会主义市场经济体制和率先基本实现社会主义现代化的目标，建立健全现代企业的用人制度，推动高层次人才管理工作从“人治”走向“法治”，真正实现以制度选人、用人。

1.全面实行企业经营管理者聘任制，为企业家施展才华搭建舞台

随着现代企业制度的建立和世界经济竞争的日趋激烈，企业经营管理者走职业化的道路已成为迫切需要。真正的企业家来源于竞争激烈的市场，因此要促进企业经营管理者职业化，为优秀企业家搭建施展才华的舞台。

第一，要在建立和完善企业高层次人才市场的基础上，实行企业经营管理者聘任制，在用人的选择上打破地域、所有制、行业、部门和身份的限制，企业经营者的关系由行政领导与被领导的关系转变为市场经济关系、委托与代理关系。要逐步形成市场淘汰机制，增强经营管理者的市场竞争意识和职业风险意识。

第二，要建立全国企业经营管理者人才信息库，利用现代信息技术，通过多种渠道，及时、广泛地收集企业经营管理者的人才信息和供求信息，逐步实现企业管理者的人才信息共享和全国联网，扩大企业选拔高层次经营管理人才的范围。

第三，建立高级经营管理者业绩档案制度，做好跟踪评价和服务。

第四，建立企业高层次人才市场服务体系。要根据企业和经营管理者的需要，开展档案管理、人才测评、人才培训、职称评定、出国政审、代办保险等服务。国家要制定相应的政策法规，打破人才的部门所有、条块分割，为企业经营管理者在工作调动、夫妻分居、子女上学等方面提供优惠政策。

第五，建立健全约束、制约机制，完善配套的措施。

2.实行产权代表委任制与选举制，选好用好产权代表

产权代表委任制打破了按行政隶属关系管理国有资产的状况，建立起以资产为纽带的企业经营管理新体制，真正实现了以产权为纽带。实行以实现国有资产保值增值为目的的产权代表委任制，关键是选好人，用好人。作为国有企业产权代表应具备三个方面的基本条件：一是德才兼备。不但要遵守纪律、廉洁自律、忠于职守、求真务实、联系群众，而且要有开阔的视野、很强的才干；不但要熟悉并贯彻执行国家有关法律、法规和规章制度，而且要熟悉市场经济的基本知识，熟悉企业的生产经营管理工作。二是能够忠实维护国家利益。要有较高的政策水平和决策能力，能够正确处理国家、企业和职工等多方面的利益关系。三是有强烈的事业心和责任感，敢于坚持原则，能够实现国有资产保值增值。这一条是国有企业产权代表最根本的责任，也是实行委任制的最根本的目的。

实行产权代表委任制也要通过市场机制选人，并且选派的人要依照公司法和公司章程，由股东大会依照法定程序选举产生，而不能由资产的上级管理部门或政府直接任命。同时，随着国有股的不断减持，要逐步实现产权代表公开招聘制和选举制，真正把出资人的责权利统一起来。

3.实行专业技术职务和技能人才聘任制，为合理用人创造条件

按照评聘分开的原则，推行专业技术职务聘任制，其目的是调动专业技术人才的积极性，尤其是高层次专业技术人才的积极性。实施聘任制的核心是进行岗位管理。评聘分开是指评审专业技术职称与聘任专业技术职务分开。评聘分开的主要目的是建立一个“职务能高能低、人员能进能出、工资能升能降”，充分调动专业技术人员工作积极性的充满活力的用人管理机制。实施专业技术人员聘任制要把握好岗位设置、考核、聘任、分配、聘后管理等环节。科学的岗位设置是搞好聘任制的前提，岗位设置应按照企业科研生产的程序和内容进行科学、合理的分解，应有明确的职责范围和工作内容。考核内容和标准应与岗位要求相对应。聘任要依据岗位任职条件，竞聘上岗，择优聘任，实现专业技术职务与岗位的统一。分配必须依据工作业绩、贡献大小进行。根据企业管理的实践，不能独立实施专业技术人员职务聘任制，必须将其有机地纳入企业的管理体系中，严格划分岗位类别，尤其是企业的管理岗位与专业技术岗位，按照管理权限聘任。实行聘任制还要与企业体制改革及相应的薪酬制度、劳动制度改革等同步进行。要通过聘任达到充分调动各类科技专家的积极性和创造性的目的。

（三）健全以实践锻炼为特征的岗位交流机制

岗位交流机制是指企业中不同职能部门、不同岗位之间的人员交流机制，旨在增强企业内部人员的交流与沟通，提升整体员工素质和业务水平，促进企业健康稳定发展。针对现代企业发展对复合型人才的需求，岗位交流这种人才使用方式越来越引起人们的重视，其突出特点就是更注重培养、激发人的创造才能和积极进取意识，能够让人始终处于一种发现、创造的状态。挂职交流具体包括：丰富机关或基层工作经验的挂职锻炼；熟悉综合管理或生产、经营管理业务的挂职锻炼；还有挂任关键岗位，让其挑重担的挂职锻炼。实践证明，安排人才进行挂职锻炼、接受新工作挑战的做法，可以开阔人才的思路和视野，

拓展人才的思维空间，对激发其创造力大有裨益，尤其有利于人才全面能力的培养和提高。同时，加大企业各类人才在同行业、同专业、同类型的不同企业、不同地域、不同岗位以及与地方政府之间的交流，也有利于打破裙带关系，有利于培养人才适应新环境、处理新型人际关系的能力，有利于人才换位思考，培养人才相互理解、相互支持的全局观念，有利于各方的人才获得更多的锻炼机会，丰富其职业历程。

（四）加强人才使用中的监督与管理

从保护企业经营管理者的目的出发，要强化通过法律、法规和制度等手段对企业经营管理者的监督和约束。要想更好地发挥监督的作用，就必须完善监督机制，把外部监督和内部监督结合起来。

1.按照现代企业制度的要求，建立规范的法人治理结构

公司法人治理结构是公司制的核心，企业改革后，将严格按照《中华人民共和国公司法》有关规定，建立起新体制。现代企业制度实行的是决策层、执行层和监督层分开设立的治理结构，这是国际通用的体制。这种体制严格执行董事会领导下的总经理负责制，由监事会负责监督检查企业经营者的经营管理等活动，保证国家、企业、股东和员工的合法权益不受侵犯。国有企业投资主体多元化，可以建立互相制衡、互相制约的机制。党委书记和董事长一般由一人担任。实行“双向进入、交叉任职”的领导体制，能够较好地处理企业党组织与法人治理结构的关系，为企业党组织搞好保证监督、参与重大决策、发挥政治核心作用创造条件。

2.完善监督制度

加强对企业经营管理者的监督，必须有完善的监督制度，做到有法可依、有章可循。这些制度主要包括资产经营责任制度、企业年度审计制度、企业经营管理者委任审计制度、企业财务活动和招待费用向职工代表大会报告制度、厂务公开制度。对企业经营者实行监督制度就是为了使其用好手中的权力。对于违法违规等由于个人因素给企业造成重大损失的，要依法追究其责任。

3.建立决策失误责任追究制度

重大决策要经董事会集体研究，每位董事对决策要有明确表态，并在会议记录上签字确认，以便日后查清责任。如果因决策失误而造成重大经济损失，除了要处分或撤换主要负责人，还要逐一查清有关责任人的责任大小，追究其经济责任和法律责任。

4.强化职工民主监督

企业职工与企业经营管理者朝夕相处，最了解企业经营管理者的工作能力和业绩，他们最有资格监督企业经营管理者的行为。强化职工的民主监督，主要的要求是：坚持和完善职工代表大会民主评议企业经营管理者制度，使企业经营管理者在资金运作、生产经营、收入分配、用人决策和廉洁自律等重大问题上做到公开、公正，并确保每一项决策都是以企业的长远发展为出发点。如果大多数职工对企业经营管理者的工作业绩和廉洁行为予以否定，那么就应该让其从经营管理者的岗位上退下来，让职工信得过的经营管理者担当重任。

七、积极参与国际人才竞争，大力吸引海外人才和留学人员

随着经济全球化和知识经济时代的到来，高层次人才资源已经成为国际性的紧缺资源，如果我国企业吸引高层次人才仍局限在国内的范畴里，就很难真正在高层次人才的竞争中取得最终的胜利，在经济全球化的竞争中也很难与国外跨国大公司抗衡。海外人才和留学人员是世界先进科学和文化知识的载体，他们长期在国外学习、工作、生活，了解国际惯例，具有知识专长和对外交流的优势。重视这部分人才的引进和使用，就为我国企业参与国际竞争提供了良好的人才保证。所以，企业应提高认识，把吸引和使用留学人才作为人才规划的重要内容，以多种方式吸引海外留学人才共谋发展。

（一）精心打造吸引海外人才创业的平台

要吸引海外高层次人才回国创业，必须有创新的工作思维，除了落实政府的优惠政策，还必须为留学人员创造实现自我价值的创业环境。对于企业引进的高科技人才，通过市场化运作模式构筑“人才—项目—资本”有机融合的新机制；对于高层次经营管理人才，充分放手，让其大胆工作，发挥其特长。

（二）“走出去”和“请进来”并举，拓宽招贤引智渠道

坚持以多种方式吸引优秀留学人员回国工作或为国服务。主动“走出去”，到国外留学人员聚居地宣传企业的形象，加强与留学人员的沟通和了解，建立起与留学人员联系的渠道，落实项目合作和人才引进意向。在“走出去”的同时，也要做好“请进来”的工作。要广泛开展“引智、引才、引项目”活动，定期组织海外留学博士回国考察访问。通过项目委托、技术入股、顾问咨询、教授服务、科研攻关、经贸合作等多种形式，鼓励海外留学人才回到国内或在所在国协助开展服务工作。

（三）扩大产学研外延合作边界，积极推动国际化

我国企业应借鉴西方发达国家跨国企业的做法，通过在母国之外从事科技商品的生产和经营，与世界各地相关研究机构和著名大学密切合作，在合作国独立或联合设立研究开发机构，组建大型实验室，购置世界先进的仪器设备，高薪聘请合作国的著名科学家和高层次人才，推行海外人才的本土化战略。

我国有条件的大型跨国经营企业应跨出国门，到有资源、有市场且限制条件较少的国家投资创业，在国外设立自己的研发中心，走产业贸易与研究、开发一体化、国际化的道路，大力吸引所在国高层次人才为我所用。这样既解决了大量从海外引进人才难以实现的问题，又降低了人才的引进和使用成本，更有利于提高我国企业参与国际市场竞争的能力。

八、尊重企业高层次人才成长规律，培植先进的企业家文化

企业高层次人才是企业生产力中最活跃、最富有创造力的内核。企业高层次人才的最大特点就是勇于创新、敢于竞争、敢于冒险，具有永不满足的创新创业冲动。加强企业高层次人才培养、吸引和使用，必须充分理解和尊重企业高层次人才的成长特点，努力破除求全责备的陈旧思想，树立看人看大节、看主流、看发展的观念，大胆使用人才，大度包容人才，积极营造和维护爱才、惜才、护才的宽松环境和良好氛围，全面提高企业高层次人才的素质。企业要最大限度地激发高层次人才的改革创新精神与创业热情，大力倡导勇于创新、敢为人先的精神，激励更多的高层次人才持续不断地开创新局面、拓展新事业。

要牢固树立企业家是社会最宝贵资源的新观念，广为宣传企业高层次人才创新创业的成就，大力表彰为国民经济和社会发展做出突出贡献的企业高层次人才，积极改善企业高层次人才的工作条件和生活条件，切实提高企业高层次人才的经济待遇和社会地位，并依法保护企业高层次人才的合法权益，努力在全社会形成一种尊重企业高层次人才、尊重企业家的浓厚氛围。

一个人有了精神，才能不断进步。同样，一个企业有了企业精神，才能兴旺发达。因此，企业只有加强企业精神的塑造，树立共同的理念，增强企业的向心力和凝聚力，才能吸引和稳定高层次人才。“一心为了海信”是海信人的共同理念，围绕这个理念，海信人努力工作，使海信集团得到了迅速发展。“人才是企业之本，人才是利润之源”是杉杉集团的共同理念，这个理念使企业人才的潜能得到了充分发挥，使企业的经济效益得到了大幅度提高。上述国内外成功企业的实践表明，企业只有树立正确的理念，才能使人才有归属感，从而激发人才为企业努力工作的自觉性，深化人才工作的意义，增添人才工作的价值。

第六章　现代企业信息化人才队伍建设

第一节　企业信息化人才的定义及特点

一、企业信息化人才的定义

企业信息化人才主要从事信息化规划、信息化项目建设，并承担信息技术应用和信息系统开发、维护、管理，以及信息资源开发、利用等工作，以实现提高组织的信息设备使用效率、完善信息系统功能、保证组织各项信息管理工作高效运转、更好地辅助组织其他部门各项工作的目标。

二、企业信息化人才的特点

随着社会经济的不断发展和信息技术的快速进步，对信息化人才的定义也在不断变更。通过对当前信息技术发展需求及信息化构成要素的分析，笔者认为信息化人才应包括三种，即信息化管理人才、信息技术研究和开发人才、信息技术应用人才。无论是哪种类型的信息化人才，他们都具有以下特点：

（一）知识更新快，流动性强

根据相关分析，信息化人才所了解和熟悉的专业知识应在两年之内得到更新，这样才不会被快速发展的信息技术淘汰。信息产业发展快，技术更新也快，信息化人才应及时通过信息化渠道获取信息化领域的最新信息，发现新情况、新需求，以此为依据改变与完善自身知识结构，以更好地满足不断变化与更新的信息技术要求。当今网络时代，信息技术竞争的加剧在某种程度上也使信息化人才竞争加剧，高尖端的信息化人才已成为当今信息社会最稀缺的专业技术人才。一些对工作人员的信息化水平要求较高的企业，正以各种优厚待遇和条件去吸引信息化人才，这在某种程度上增强了信息化人才的流动性，为信息化人才知识的更新提供了技术平台。

（二）沟通能力和团队合作能力强

在信息技术发展与应用要求下，信息化人才需要完成的项目多为集体项目，一般要求企业内外部多个部门之间相互配合。这种条件下，就要求信息化人才在与相关人员进行充分交流与沟通的基础上，把握核心技术，最终顺利地完成信息化项目。因此，沟通能力和团队合作能力强也是信息化人才的特点。

（三）学习能力和综合运用能力强

信息技术的快速更新，直接决定了信息化人才要不断更新自身信息技术知识，要求信息化人才具备较强的学习能力。同时，信息化人才流动性强的特点也要求信息化人才具有强大的学习能力，以便更好地适应不断变化的工作环境，胜任信息技术岗位，形成技术竞争力。此外，信息技术的应用涉及信息社会的多个领域，与各行业的专业知识联系密切，这就要求信息化人才既能够熟练掌握与应用信息化技术，又能够懂得一些必要的其他行业的专业知识，并能够将其与信息技术进行融合。由此可见，信息化人才应具备较强的综合运用能力。

第二节　企业信息化人才队伍建设流程

一、人才招聘和人才引进

人才招聘是指组织及时寻找、吸引并鼓励符合要求的人才到企业中任职或者工作的过程。人才招聘也是最简单的发现人才的方法。如何找到符合企业要求的人才，是信息化人才队伍建设首要解决的问题。除了人才招聘，企业还可以通过人才引进吸纳人才。

二、人才评价

人才评价是指在人才选拔和使用过程中，通过一系列的量化和质化方法，对个人的知识水平、能力、倾向、工作技能、发展潜力等方面进行评估的活动。这一过程旨在使用人单位能够更加深刻和全面地了解人才的能力素质与绩效，从而为人力资源管理提供可靠的依据，合理配置人力资源，实现人员使用的最优化。人才评价以很多专业性学科，如人力资源、心理测试、统计和行为应用等的科学理论为基础。通过科学的测评手段，企业能够分辨出优秀的人才，测评出人才与岗位的适配性及人才的职业能力水平，发现人才的优缺点。通过人才评价，企业可以更科学地了解人才，为其安排合适的岗位，进行有针对性的培训，将人才的潜能充分挖掘出来，为企业带来巨大的效益。

三、人才培养

人才培养主要是指对人才进行教育、培训的过程。通过这一系列过程，可以使人才满足企业的岗位要求，或是在满足岗位要求的前提下，使其充分发挥自己的能力，为企业创收。人才培养还有利于企业人才储备库的构建。通过定向的培养，企业可以获得满足一定要求的管理者、专业技术人员等不同种类的人才。

人才是支撑企业发展的重要力量，是促进企业发展的关键。企业通过人才培养，一方面能够保证企业核心人才队伍的稳定，另一方面能够构建人才储备库，防止企业出现人才断层的现象。

四、人才激励

人才激励是一种有效的手段，企业可以通过各种激励措施来激发人才的需求、动机和欲望，以达到特定的目标。人才激励分为物质层面的激励和精神层面的激励两种。物质层面的激励是指满足人才的基本生理需求和安全需求，精神层面的激励则是指满足人才渴望获得尊重、实现自我价值的需求。企业要不断了解目标人才的需求，通过激励措施来促使人才保持较高的工作效率，为企业增收创效。

第三节　企业信息化人才队伍建设的途径

一、优化人才招聘和人才引进制度

人才招聘和人才引进对于企业的信息化人才建设至关重要，只有先把人才招进来，才能够进行后续的培养和队伍建设工作。制订合理的招聘计划，也能够解决企业中人才结构存在的问题。

（一）采取灵活的招聘形式

可以采用灵活的人才招聘和人才引进方式，如劳务派遣。部分人才可与第三方劳务派遣公司签订合同，由公司派遣到企业进行工作，从而缓解企业招聘名额审批难的问题。这种方式也便于企业对所招聘的人才进行考查。如果人才适合企业的发展，那么等到有招聘名额时，企业可以再对其进行聘用，这样不会占用企业本身的招聘名额，企业也拥有了人才聘用的自主选择权。

（二）采取有针对性的招聘方式

为了节约企业招聘成本和解决入职后岗位差距较大的问题，需要进行更具针对性的招聘，明确招聘目的，确定所需人才。不同于其他专业人才的招聘，信息化人才的招聘具有局限性，如果只考虑是不是人才而忽视了其专业性，也是不利于企业发展的。

招聘形式应按照校园招聘和社会招聘两种方式进行细分，根据招聘形式的不同，配合企业在信息化方面的需求来招聘相应的人才。

校园招聘主要针对应届毕业生。他们在校期间所学的专业是与企业信息技术相同或相近的专业，他们有着较强的学习能力和适应能力，并有着巨大的潜力，很容易在工作中脱颖而出，成为企业人才库中的储备力量。

社会招聘主要针对企业岗位空缺、现有信息技术方面的工作推进困难的情况。企业可以招聘或引进一些具有相应信息化工作经验，并且具备独立处理问题能力的专业信息化人才，帮助企业在短期内迅速补足技术短板和推进相应的工作。例如：如果企业中 ERP 部门缺少专业的实施工程师去开展实施工作，那么就有针对性地去进行招聘。这样新入职的员工可以更加快速地适应工作并开展工作，企业也可以省去岗位培训、专业知识培训等前置工作。

（三）提供优厚的待遇

信息化技术与传统工业技术不同，需要对知识体系进行不断的更新。对于企业来说，掌握了先进的信息化技术，就能在市场中取得先机。因此，拥有优秀的信息化人才，对于企业来说是至关重要的。优秀的信息化人才不仅能够带动企业的信息化技术发展，还能够稳步推动企业的信息化业务升级。

企业的人才竞争十分激烈，信息化人才的竞争更为激烈。因为信息化人才具有不稳定性，所以企业需要以优厚的薪酬待遇发掘信息化人才、留住信息化人才。与传统专业人才不同的地方是，信息化人才时刻都会面临信息技术难题，变数较大。企业的信息系统是全天候运行的，但是员工却不是。因此，企业可以根据自身的情况，为信息化人才提供合理的待遇，给予信息化人才更灵活的工作时间，突出其与其他专业人才的差异性。

如果因为企业制度的制约，无法通过股权激励来吸引信息化人才，企业就可以通过更加灵活的薪资组成、更高额的绩效奖金来吸引信息化人才。

二、采取科学的人才评价方法

要想充分挖掘信息化人才的潜能，全面了解每位信息化人才的能力水平、优势及擅长领域，企业就要建立人才评价制度，辅以人才盘点模型，建立信息化人才储备库。

人才评价首先要做的是定义人才，确认招聘来的员工哪些是企业真正需要的人才。其次要进行人才识别，通过模型判断不同类别的人才，以确保下一步对于人才的培养更具备针对性，大大增强现有人才的岗位适配性。

通过建立人才评价模型的方式，不仅能够解决员工岗位满意度低、员工岗位适配性差和对新员工评价不足的问题，还能为企业日后人才提拔提供依据。

（一）建立人才评价模型

根据人才发展能力模型，建立企业的人才评价模型，如表 6-1 所示。将人才评价分为三个大方向，即综合能力、业务素质和专业技术素质。

表 6-1　企业信息化人才评价模型

一级评价指标	二级评价指标	三级评价指标
综合能力	沟通能力	与人沟通能力
		情商与决策能力
		协作与领导力
		项目管理能力
	个人能力	学习能力
		亲和力
		责任感
		学历
业务素质	业务经历	管理工作从业时间
		担任不同部门职位次数
		以往相关考核成绩

续表

一级评价指标	二级评价指标	三级评价指标
业务素质	业务经历	以往杰出成绩
		以往显著失误
		从事不同行业个数
	业务知识水平	业务方面的学历
		业务方面的职称情况
		参与过相关培训数量
专业技术素质	信息化从业经验	从业经验
		参加项目数量
		以往相关考核成绩
		以往杰出成绩
		以往显著失误
	信息化知识水平	重要职称
		信息化管理知识
		信息化技术知识
		对技术领域内发展趋势考核
		相关硬件知识

综合能力方向，主要考察人才的沟通能力和个人能力。考察的内容有：与人沟通能力、情商与决策能力、协作与领导力、项目管理能力、学习能力、亲和力、责任感和学历。

业务素质方向，主要考察人才在其他业务方面的表现，分为业务经历和业务知识水平，包括：管理工作从业时间、担任不同部门职位次数、以往相关考核成绩、以往杰出成绩、以往显著失误、从事不同行业的个数、业务方面的学历、业务方面的职称情况、参与过相关培训的数量。

专业技术素质方向，主要考察人才在信息化方面的表现，包括以下内容：从业经验、参加项目数量、以往相关考核成绩、以往杰出成绩、以往显著失误、重要职称、信息化管理知识、信息化技术知识、对技术领域内发展趋势的考核、相关硬件知识。

通过模型对企业中的信息化人才进行评价和分类，依据表 6-1 中的指标对信息化人才进行评分和考核，掌握该人才的特征和优缺点，从而判断该人才是否适合当前岗位，或者适合哪些岗位。

（二）建立人才盘点模型

根据评价模型对现有信息化人才进行评价，再结合人才盘点模型，对企业中的信息化人才进行更加细致的分类，从而形成企业信息化人才库，为人才储备提供保障。

人才盘点模型以人才盘点九宫模型为基础，根据人才在工作中的表现和潜力将其分为九类，并放置在相应的网格中，如图 6-1 所示。不同网格的人才管理和使用应采取不同的方法。

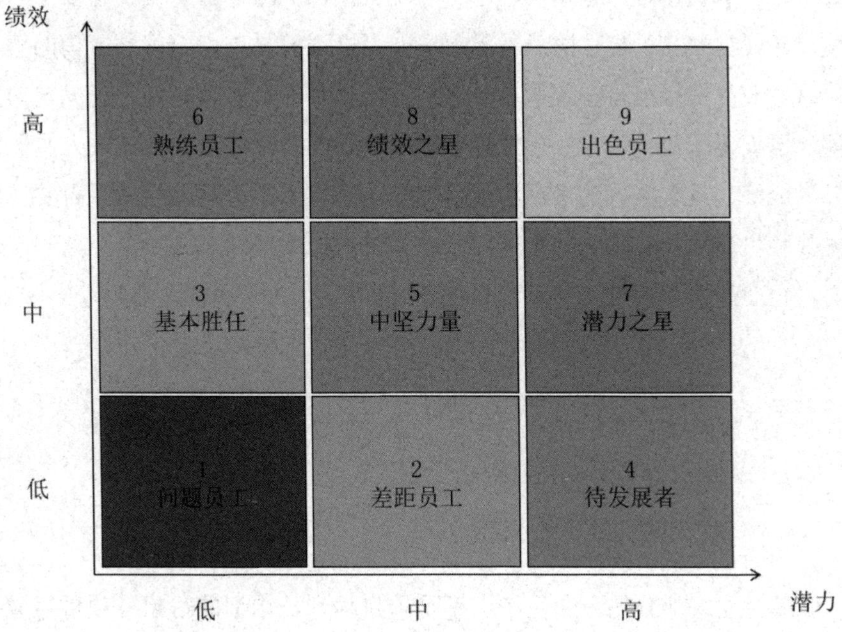

图 6-1　企业信息化人才盘点模型

其中，1 号格子属于问题员工，该类人员的特点是并未达到现有职务的绩效标准，能力水平有限，须继续提升绩效和能力；2 号格子属于有差距的员工，该类人员的特点是之前的工作经历显示其有一定潜力，但是当前绩效不达标，可能并不适应现有的职务；3 号格子属于基本胜任的员工，该类人员的特点是达到现有职务工作的要求，但是潜力有限，有比较突出的短板，可胜任的范围有限；4 号格子属于待发展的员工，该类人员的特点是潜力大，但是目前工作能力不足，很难完成现有工作，可能因为到岗时间不长，需要一段时间适应工作；5 号格子属于中坚力量，该类人员的特点是已达到目前岗位的要求，绩效达标，并且具有一定的发展潜力，是企业可以依靠的稳定贡献者；6 号格子属于熟练的员工，该类人员的特点是在目前岗位绩效比较突出，能非常好地完成上级交代的任务，但是潜力不足会限制其发展，一般是企业中资历比较老的员工；7 号格子属于高潜力的员工，该类人员的特点是针对现有岗位工作完成情况一般，不算突出，但是这类员工具有很大的潜力，一般这类员工属于与岗位适配度不高的员工；8 号格子属于工作能力极强的员工，也就是所谓的绩效之星，该类人员的特点是在现职务或者岗位上工作表现突出，并且有一定的发展潜能，需要进一步的发展；9 号格子属于企业中的超级明星，该类人员取得了卓越的成绩，具有很大的发展潜能，工作中基本上不会遇到挑战，需要安排新的挑战和机会，并且制定一定的激励政策，才能保证这类人才不会离职，或者不会对企业和所从事的工作产生负面情绪。

三、完善人才培养制度

（一）增加培训的受众面

很多企业大部分的专业性培训都是项目培训，培训的对象是项目组成员，这导致培训很难覆盖到部门内的信息化人才。针对这一问题，部分培训可以采取线上的形式，邀请部门中其他的信息化人才一同进行培训，将培训的受众范围扩大，使得对相关信息化技术感兴趣的信息化人才都有机会参与培训，从而丰富企业中信息化人才的专业知识。

（二）加强针对性培训

根据人才评价得出的数据，企业内部可以定期举行具有针对性的培训。例如：项目管理部门可以组织项目管理理论知识培训，财务部门可以组织财务基础理论知识培训，档案管理部门可以组织相关文档编写培训，质量管理部门可以组织质量管理理论知识培训，安全管理部门可以组织安全意识培训等。

因为信息化人才是一种复合型人才，信息技术不只是单方面的学科技术，它的作用是辅助传统技术，所以信息化人才除了要掌握专业信息化技术，还需要涉猎其他学科的专业知识来丰富自身的知识网。例如：ERP 系统的信息化人才就需要掌握编程以外的，包括财务、采购、项目管理、人事等方面的知识。

（三）采用新颖的培训内容

由于信息技术具有不断发展、不断更新的特性，因此企业需要不断完善和更新对应的培训内容。一味地利用老旧的培训内容，无法实现通过培训来提升信息化人才技术水平的目的。所以，企业需要不断更新现有的培训内容，内容选取方面应该倾向于一些新颖的、先进的信息技术。

企业也可以定期组织信息化人才与一些行业内较为优秀的信息化厂商进行交流，在交流过程中总结心得和经验；也可以将交流的内容作为培训的内容，让企业的信息化人才能够清楚地了解一些先进的信息技术是如何在工作中应用的。

（四）多采用线上培训代替线下培训

通过线上培训的方式，能够解决申请外部培训难的问题。企业因为成本问题，大幅减少外出培训的机会，改外出培训为线上培训能够大大降低培训的成本。因为在外出培训过程中，差旅费等一些途中费用占了很大比例，所以多采用线上培训的方式，不仅能解决费用的问题，还能增加培训人数。通过投屏等手段，能够让企业内更多信息化人才接受培训。

（五）鼓励员工自我提升并加大奖励

对于企业中的信息化人才来说，光靠企业组织的培训是远远不够的，还需要进行自我提升。企业可以通过完善相应的制度，来鼓励员工进行自我提升。可以鼓励员工考取执业类证书、注册类证书、学历证书和有助于企业提升资质的证书。当员工达到一定的条件，企业可以给予其物质层面和精神层面的奖励。

四、优化人才激励制度

为了加强企业信息化人才队伍建设，提升企业信息化人才的满意度，增强企业信息化人才的工作积极性，可以基于双因素理论和公平理论优化企业现有的人才激励制度。

（一）完善企业薪酬管理制度

1.提高薪酬分配的公平性

企业员工在内部横向对比时，在工作时间相同、工作量相近、岗位以及职级相同的情况下，如果薪酬待遇有明显的差距，他们就会心理失衡。同样，在工作时间相同、工作量相近、岗位以及职级相同的情况下，如果工作量大小不能拉开薪酬待遇的差距，他们工作的积极性也会被削弱。因此，企业要优化薪酬分配制度，保证薪酬分配制度的公平性，尽量缩小同岗位薪酬之间的差距，同时根据绩效制度，衡量工作量、工作时间以及工作效率对薪酬的影响。

2.优化薪酬结构

企业员工在进行岗位外部对比时，会考虑同样的工作在其他企业的薪酬待遇如何，如果相差较大，他们就可能离开企业，从而造成人才流失等问题。为了避免这些问题的出现，企业可以通过优化薪酬结构的方式来灵活处理与其他企业比较薪酬待遇差距较大的问题。

对评价系统中一些优秀的信息化人才，企业应该进行额外的薪资激励，确保不会出现人才流失的问题。要结合企业的绩效考核制度，多维度进行薪酬结构的优化。

（二）完善企业绩效考核体系

部分企业现有的绩效考核制度并不完善，绩效考核对于员工的薪资待遇影响并不大，在薪酬结构中所占比例较低，无法起到激励作用。而且，部分企业的绩效考核仅仅针对员工的工作量进行统计，记录干了多少活，干了哪些活，没有对工作时间、工作效率以及工作完成质量进行考量，如果员工提前完成工作，并不会受到奖励。

因此，完善企业绩效考核体系，首先要配合薪酬结构，调整绩效考核在结构中的占比，通过绩效考核调整员工的奖金情况；其次要优化绩效考核项，综合工作效率、工作时间、工作完成度、项目成本指标等因素进行考核；最后要将考核工作效率低下、项目进度缓慢等情况落实到个人身上。通过这样的方式，能够调动人才的工作积极性。

（三）采取多种形式的激励方式

部分企业的激励形式过于单一，针对这个问题，企业应该采用多种激励方式。根据马斯洛的需求层次理论和双因素理论，企业在采取物质激励的同时还需要注重精神激励。通过理想、成就、荣誉、情感等非经济手段来激发员工的潜能，也是同等重要的。不同的信息化人才，其需求是不一样的，因此需要通过多种激励方式来尽可能满足信息化人才的需求。

1.完善企业晋升通道

对于人才来说，职级的晋升属于双因素理论中的激励因素，是实现自我价值和获得企业认可的一种方式。企业对人才的职位进行调升，也是不断开发和培养人才的过程。

企业要完善信息化人才的晋升通道。可以按照企业自身情况将企业信息化人才晋升通道划分为信息化管理人才晋升通道和信息化技术人才晋升通道，根据企业的评价体系来确定人才的分类，制定一系列硬性标准和加分选项，确定人才职级的基本标准，并根据人才的贡献程度、技术水平、项目经验等完善人才选拔的标准。通过这种方式，可以使信息化人才在职级不断提升的过程中产生获得感，从而对其起到激励的作用。

2.加强企业文化激励

企业文化所形成的文化氛围和价值导向是一种精神激励，能够调动与激发员工的积极性、主动性及创造性。

企业文化对于员工的激励也是双因素理论中的激励因素，主要体现在能够满足员工的精神需要，让员工有一种归属感，降低人才流失的风险。一旦企业中的人才对企业文化产生了共鸣，企业文化对于人才的激励就是持久性的，可以提高人才对企业的热爱程度，调动人才的工作积极性，激发人才的奉献精神，并营造出一个良好的组织环境。

参 考 文 献

[1] 蔡铭. 国有企业人才队伍建设面临的问题及应对策略[J]. 人才资源开发，2023（22）：94-96.

[2] 曹新. 企业技能人才自主评价的创新与实践[J]. 中国培训，2023（8）：33-34.

[3] 程舒芳. 数字经济时代企业管理人才胜任力结构分析[J]. 四川劳动保障，2023（9）：55-56.

[4] 丁展志. 企业如何利用现代企业制度优势留住人才[J]. 商展经济，2023（22）：107-110.

[5] 杜鹏程. 加速建设世界一流企业高素质专业化人才队伍的调研与思考[J]. 中国煤炭工业，2023（11）：71-73.

[6] 华新燃气集团党委. 奋力打造企业高质量发展的人才新高地[J]. 支部建设，2023（29）：20-22.

[7] 高美栋. 浅谈企业人力资源管理人才流失问题及对策[J]. 商讯，2023（16）：151-154.

[8] 龚晓红. 企业技能人才自主评价的现状及策略[J]. 人才资源开发，2023，（23）：43-45.

[9] 郭宁宁. 新时代加强国有化工企业人才队伍建设的研究与思考[J]. 上海化工，2023，48（5）：27-30.

[10] 何文忠. 新形势下国有企业政工人才队伍建设策略研究[J]. 大众投资指南，2020（18）：263-264.

[11] 何亚雯. 创新创业型会展企业财务人才培养途径研究[J]. 中国会展（中国会议），2023（16）：68-70.

[12] 雷将国，牛海涛，景文平，等. 企业基层专业技术人才培养模式探索与实

践[J]. 化工管理，2023（28）：38-42.
[13] 李丹. 提升中小企业科技人才创新能力的对策分析[J]. 今日财富，2023（21）：59-61.
[14] 梁红梅. 重视人才培养储备，促进员工与企业共成长[J]. 人力资源，2023（20）：128-129.
[15] 廖亚玲，唐钧鑫，韦锦锋. 国有企业技能人才培养存在问题及对策研究[J]. 财讯，2023（16）：55-57.
[16] 刘辉，李杰. 做好人才工作在化工企业深化改革中的重要保障作用[J]. 化工管理，2023（25）：25-28.
[17] 刘思. 企业人力资源管理的意义和创新路径[J]. 四川劳动保障，2023（9）：17-18.
[18] 刘亚婷. 国有企业人才引进与选拔机制研究[J]. 今日财富，2023（23）：134-136.
[19] 陆新海. 优化企业地质人才绩效管理新方向[J]. 人力资源，2023（20）：32-33.
[20] 陆宇翩. 知识经济时代下的企业人力资源发展与企业管理分析[J]. 产业创新研究，2023（18）：172-174.
[21] 吕紫东. 劳动密集型企业专家人才体系建设研究[J]. 企业改革与管理，2023（18）：64-66.
[22] 马喆. 企业高质量发展与人才队伍建设[J]. 河北企业，2023（9）：128-130.
[23] 梅光耀. 国有企业技术人才培养的新模式、新举措[J]. 人力资源，2023（20）：52-53.
[24] 尼玛拉姆. 国有企业总法律顾问制度法务人才培育研究[J]. 法制博览，2023（29）：22-24.
[25] 倪成杰. 浅析国有施工类企业项目人才队伍建设探索与实践[J]. 科技创新与品牌，2023（8）：77-80.
[26] 宁晓妮. 国有企业人事人才工作的创新路径分析[J]. 人才资源开发，2023

（22）：70-72.

[27] 牛俊桦. 企业人力资源管理视角下的专业技术人才培养[J]. 人才资源开发，2023（23）：91-93.

[28] 沈艾红. 国有建筑施工企业强化技能人才队伍建设的探索与实践[J]. 工会博览，2023（28）：30-31，34.

[29] 孙彦军，赵俊辉，钱璐. 4 个队伍建设提升新能源企业人才支撑[J]. 劳动保护，2023（11）：66-68.

[30] 唐丽. 企业青年人才队伍建设的重要性与对策[J]. 中国中小企业，2023（10）：210-212.

[31] 田园. 国有企业核心人才流失原因及对策研究[J]. 河北企业，2023（10）：127-129.

[32] 王丽，张杨梅，王威，等. 企业需求导向下的人工智能人才培养模式[J]. 计算机教育，2023（10）：22-25.

[33] 陈弘. 现代企业管理[M]. 北京：中国人民大学出版社，2006.

[34] 刘丽萍. 人才管理之方略 人才资源发展战略理论与实践研究[M]. 哈尔滨：黑龙江人民出版社，2006.

[35] 王颖，乔志强. 吉林省企业技术创新人才队伍现状分析与综合评价[M]. 北京：经济科学出版社，2010.

[36] 徐颂陶，徐理明，迟耀春. 中国人才资源开发全书[M]. 北京：中国人事出版社，1998.

[37] 史伟，杨群，陈志国. 新时期职业教育校企合作办学模式探索[M]. 天津：天津科学技术出版社，2018.

[38] 戴庚先. 现代企业管理[M]. 2 版. 北京：电子工业出版社，2005.

[39] 张晓琪，谢涵伊. 实践教育基地建设研究与探索[M]. 北京：中国纺织出版社，2021.

[40] 马学条，杨柳，陈龙. 基于校企合作的科技创新实践教学模式研究[M]. 北京：中国纺织出版社，2022.

[41] 周建松，唐林伟. 高等职业教育校企合作长效机制研究[M]. 杭州：浙江工商大学出版社，2014.

[42] 邹卒. 新建本科院校校企合作协同创新人才培养模式研究与实践[M]. 成都：电子科技大学出版社，2019.

[43] 师俊英. 高校产品设计专业校企合作模式的分析研究[M]. 成都：电子科技大学出版社，2017.

[44] 薛川. 高等学校校企合作模式与人才培养研究[M]. 北京：中国原子能出版社，2020.

[45] 吴申元，吴芹，王小明，等. 现代企业制度概论[M]. 北京：首都经济贸易大学出版社，2016.

[46] 刘书瀚，白玲. 校企合作应用型人才培养模式理论与实践[M]. 天津：南开大学出版社，2014.

[47] 徐业滨. 中国高层次人才资源理论与实践研究[M]. 哈尔滨：哈尔滨地图出版社，2007.